작은 브랜드는 행동경제학이 답이다

생존을 넘어 혁신을 일으킨 강소 브랜드의 비밀 12

작은 브랜드는 행동경제학이 답이다

곽준식 지음

BEHAVIORAL
ECONOMICS

갈매나무

· **일러두기**
본문에 삽입된 QR코드를 스캔하면 각 브랜드의 마케팅·홍보 자료를 볼 수 있다.

행동경제학이라는 학문을
작은 브랜드라는 현실에 잇다

기업은 의외로 중요한 활동을 관습에 의존한다. 브랜드도 예외가 아니다. 브랜딩 파워를 높이려는 내부 임원도, 신규 브랜드 론칭을 제안하는 외부 컨설턴트도 오랫동안 통용된 업계의 믿음에 따라서 브랜드 활동을 제안하는 경우가 많다. 요즘 유행하는 다양한 온라인 활동을 아무리 더하더라도, 투입된 예산이 충분한 효과를 냈다고 느끼는 경우가 드물다.

관습에 의존하는 브랜드 활동의 화력이 약한 이유는 브랜드를 경험하는 대상인 사람에 관한 깊은 이해가 빠져 있기 때문이다. 이 책은 행동경제학이라는 렌즈로 사람을 이해하면 브랜딩 활동이 얼마나 강력해질 수 있는지를 실제 사례로 보여준다. 영상, 커피, 음식, 운동, 부동산, 자동차 등, 어떤 산업이든 고객이 무슨 경험을 원하고 어떻게 선택을 내리는지 올바르게 이해하면, 브랜드 홍수 속에서 살아남고 차별화로 위기를 극복할 수 있음을 알려준다.

저자 곽준식은 학문과 현실이라는 깊고 넓은 바다에서 흥미로운 개념과 현실적인 사례를 건져 올린 뒤, 이 둘을 화학적으로 결합했다. 프레이밍, 휴리스틱 같은 행동경제학의 낯선 개념을 통해 사람을 이해하는 일이 어떻게 실제 경영 성과로 이어지는지 알려주는 책은 드물기에 더욱 반갑다. 저자가 발굴한 인사이트는 작은 브랜드의 현재와 미래를 고민하는 사람들에게 돈과 시간으로 승부하는 브랜드를 뛰어넘을 전략, 즉 마법의 가루 한 스푼이 되어줄 것이다.

주재우 국민대학교 경영대학, 테크노디자인대학원 교수

디자인씽킹design thinking, 행동경제학behavioral economics, 현장실험field experiment을 활용하여 고객경험customer experience을 설계하고 국민대학교 경영대학과 테크노디자인대학원에서 교수로 재직하며 마케팅과 경험디자인을 가르치고 있다.

복잡한 시장의 열쇠는
소비자 행동심리에 있다

세상에는 셀 수 없을 만큼 많은 브랜드가 존재한다. 그 브랜드들은 매일 같이 우리에게 말을 건다. "나를 선택해줘"라고. 거대한 광고판, 소셜미디어 피드 속 광고, 마트의 진열대까지……. 우리는 선택의 홍수 속에서 길을 잃기 쉽다. 그래서 큰 브랜드들은 막대한 자본과 마케팅 자원을 무기로 시장을 장악한다.

그렇다면 이 거대한 시장에서 작은 브랜드가 생존하고, 더 나아가 사랑받으려면 어떻게 해야 할까? 핵심은 바로 소비자의 행동심리를 바탕으로 차별화된 가치를 제안하는 행동경제학이다. 소비자는 언제나 합리적이지 않다. 우리의 선택은 때로는 감정에, 때로는 무의식적인 판단에 좌우된다. 그렇기에 작은 브랜드는 행동경제학의 지혜를 활용해 소비자의 마음속으로 파고들 기회를 찾아야 한다.

・ ・ ・

이 책은 작은 브랜드가 성장하기 위해 행동경제학적 관점에서 어떤 선택을 해야 하는지 보여준다. 세바시는 프레이밍 효과를 통해 자기계발을 원하는 사람들의 마음을 사로잡았고, 마이리얼트립은 타협효과를 이용해 레드오션 시장에서도 돋보이는 브랜드가 되었다. 소비자에게 신뢰를 심어주는 커피베이의 성공은 공정성의 중요성을 일깨워준다.

브랜드가 단순한 제품을 넘어선 철학과 스토리를 가질 때, 소비자는 브랜드와 더 깊이 연결된다. 로우로우는 자신만의 철학으로 소비자와 새로운 이야기를 만들어갔고, 퀸잇은 감정의 꼬리표와 데이터 분석을 결합해서 고객의 마음을 붙잡았다. 삼진어묵은 제품이 아닌 라이프스타일을 판매하면서 전통과 현대의 경계를 넘었다.

결국 중요한 것은 고객경험이다. 지금의 소비자는 단순히 물건을 구매하는 것을 넘어 브랜드와의 경험을 원한다. 직방은 디폴트 옵션을 바꿔서 소비자를 움직였고, 카닥은 이용가능성 휴리스틱으로 '가장 먼저 떠오르는 브랜드'라는 자리를 차지했다. 한솥도시락은 대표성 휴리스틱을 이용해 국민 도시락으로 자리매김했다.

이 모든 사례는 하나의 결론을 향한다. 작은 브랜드일수록 소비자를 이해하고 행동경제학의 힘을 활용하여 자신만의 이야기를 만들어야 한다는 것. 세상이 아무리 거대하고 복잡해도, 사람의 마음은 언제나 진심에 반응한다.

이 책은 작은 브랜드가 선택의 순간에 가져야 할 전략적 무기를 제공한다. 당신의 브랜드가 크든 작든, 이 책이 소비자의 마음을 움직이고 브랜드의 길을 찾아가는 여정에 작은 나침반이 되어주기를 바란다. 중요한 건 브랜드 크기가 아니라 소비자와의 연결이다. 작은 브랜드, 행동경제학이 그 답이다.

끝으로 언제나 나를 믿고 격려해준 아내와 딸, 양가 부모님과 형제들에게 감사의 마음을 전한다.

2024년 12월
따뜻한 마케터를 꿈꾸며, 곽준식

1부　소비자는 철학이 있는 브랜드를 원한다

3부   지금 고객은 어떤 경험을 원하는가?

1부

소비자는
철학이 있는
브랜드를 원한다

브랜드 철학은
새로운 이야기를 탄생시킨다

- 로우로우와 본질의 반복

고객이 사는 건
제품이 아니라 브랜드 철학이다

많은 패션업체가 제품을 시장에 출시할 때 연예인 협찬을 일반적 마케팅 전략으로 활용한다. 이는 제품의 가시성을 높이고 브랜드 인지도를 증진하는 데 효과적이지만, '공짜는 없다'는 말처럼 비용과 노력이 상당히 들어간다. 하지만 로우로우RAWROW는 이러한 일반적 방식을 거부하고 독특하고 의미 있는 방법으로 브랜드를 알리기로 결정했다.

2012년, 가로수길에 위치한 유명 편집숍 '에이랜드' 3층 코너에 한 가지 특별한 아이템이 등장했다. 그것은 서류가방이라고도 할 수 있고, 배낭이라고도 할 수 있는 단순한 디자인의 가방이었다. 이 가방은 그 자체로의 기능성을 넘어서, 단순함이 주는 세련된 미학으로 많은 사람의 시선을 사로잡았다. 그런데 이 가방이 입소문을 타더니 구매자가 점차 늘어나기 시작했다. 이 가방은 곧 3층에서 1층으로 내려와 진열되었다. 이는 눈에 가장 잘 띄는 곳, 즉 '골든 존'에 자리 잡은 것을 의미한다. 가방이 골든 존에 진열된 것이 로우로우 브랜드의 성공의 시작이었다.

광고에 본질을 담자 생긴 일

로우로우는 제품을 만들 때 불필요한 요소는 최소화하고 본질만을 추구하는 것을 목표로 삼았고, 이러한 철학을 반영하여 회사명도 '날것raw'과 '행렬row'의 합성어인 로우로우로 지었다. '본질의 반복'이라는 뜻이다. 로우로우가 추구하는 가방의 본질은 바로 '들고 담고 보호하는 것'이다.

로우로우는 이 세 기능에 충실한 디자인을 구현했다. 손잡이를 크게 만들어 들기 편하게 하고, 내구성과 방수성이 뛰어난 원단을 사용하여 가방의 보호 기능을 강화했다. 노트북 컴퓨터와 같이 소중한 물품을 안전하게 보호해야 하는 가방은 잠수복 소재를 활용한 디자인을 도입했다. 로우로우의 이야기는 단순함의 힘을 믿고 본질에 충실한 경영 철학이 어떻게 비즈니스 성공으로 이어질 수 있는지를 보여주는 탁월한 예다. 이 모든 경험은 '단순함이 최고simple is best'라는 사실을 다시 한번 확인시켜 준다.

로우로우는 소비자들이 자신들의 제품을 단순히 소비하는 것이 아니라, 브랜드가 지향하는 철학과 가치를 구매한다는 믿음을 가지고 있었다. 신념을 바탕으로, 로우로우는 전통적인 광고나 유명인 협찬 대신 소셜미디어 플랫폼인 페이스북에서 소비자와 직접 만나며 브랜드를 알리는 전략을 선택했다. 페이스북 마케팅은 효율적인 비용 관리, 바이럴 효과 극대화, 세밀한 타깃팅 측면에서의 장점도 있지만, 무엇보다 직접적인 소통 창구에서 타깃 고객과의 상호작용을 강화할 수 있다. 로우로우는 페이스북에서 얻은 고객 피드백을 즉각 반영하고, 고객이 진정으로 원하는 것에 더 가까운 제품과 서비스를 제공한다. 활발한 소통은 고객과의 신뢰를 쌓는 중요한 기반이 되고, 고객의 브랜드 충성도를 높이는 결과로 이어진다.

로우로우의 전략적 선택은 노숙인 자립을 돕는 잡지《빅이슈》에 광고 제안을 받았을 때 더욱 빛을 발했다. 로우로우는 전통적인 방식대로 잡지 광고를 진행하는 대신, 빅이슈 판매원들을 위한 특별한 조끼를 제작하여 기부했다. 조끼는 눈에 잘 띄는 색상으로 제작되었고 내구성이 뛰어난 재료를 사용했으며 돈을 수납할 수 있는 주머니 등 판매원들에게 필요한 기능을 갖추었다. 조끼에도 로우로우의 철학인 '본질에 충실하기'를 구현한 것이다. 로우로우 조끼를 입은 빅이슈 판매원들은 그들이 활동하는 도시 곳곳에서 로우로우의 '걸어 다니는 광고판' 역할을 했다. 이러한 모습이 페이스북을 비롯한 SNS에 공유되며 로우로우의 브랜드 인지도는 자연스럽게 높아졌다. 만약 로우로우가 전통적인 잡지 광고를 진행했다면 단발적인 브랜드 노출에 그쳤을 것이다. 하지만 로우로우는 본질을 추구하는 조끼를 만들어 기부함으로써, 이야기가 사람들 사이에서 자연스럽게 퍼져나가는 선순환을 만들어냈다.

작은 인연의 스토리를 담다

로우로우는 단순히 패션 제품을 만드는 브랜드가 아니다. 그들은 특별한 이야기와 의미를 담은 제품으로 소비자들과 깊은 연결을 맺는다. 이러한 철학은 실제로 '민우가방'이라는 실체로 재탄생하기도 했다. 이 가방의 이야기는 특별하게도, 로우로우가 처음 제품을 판매한 장소가 편집숍이나 런웨이가 아닌 벼룩시장이었다는 점에서 비롯된다. 더욱 놀라운 것은 가격이 10만 원이 넘었음에도 그곳에서 가방을 구매한 고객이 있었다는 사실이다. 첫 고객과의 인연은 로우로우에 특별한 의미로 남았다. 이후 고객의 군대 선물로 그의 이름을 따서 민우가방이 제작되었다. 건축학 전공인 고객에게 맞춰 제작된 가방은 각종 도구를 넣어 다닐 수 있는 실용적인 디자인이 특징이다. 고객과의 협업으로 만들어진 민우가방은 실제 판매로까지 이어지며 로우로우를 대표하는 가방으로 자리 잡았다.

고객 중심 철학은 다른 제품에서도 계속되었다. 2017년 9월에는 페이스북에서 다양한 고객들에게 가방 아이디어를 받는 이벤트를 열었다. 당뇨환자를 위한 혈당기 세트 가방, 재난 대비 키트를 갖춘 가방, 도시 농부를 위한 가방 등 여러 제안이 있었지만, 가장 많은 요청을 받은 것은 카메라 가방이었다. 로우로우는 아이디어를 제공한 고객들과 함께 가방을 디자인하고, 크라우드 펀딩 플랫폼인 와디즈로 이를 실현했다. 4주 동안 469개의 카메라 가방이 선판매되면서 로우로우의 고객 중심 철학이 얼마나 효과적인지 증명되었다.

이 모든 사례는 로우로우가 단순한 제품 판매가 아닌 회사의 철학과 생각을 고객에게 전달하고 공유하는 과정에서 진정한 가치를 창출한다는 사실을 보여준다. 고객들은 제품을 구매하는 것이 아니라, 그 제품이 지닌 의미와 로우로우가 추구하는 철학을 구매했으며, 이러한 접근 방식으로 로우로우는 단순한 패션 브랜드에서 벗어나 독특하고 의미 있는 브랜드로 거듭났다.

파트너십으로 존경하며 함께 가기

　어느 날, 로우로우는 예상치 못한 사건을 겪게 된다. 연 매출 1000억 원 규모의 대형 패션 기업 R 컴퍼니의 하위 브랜드 D가 출시한 신제품이 로우로우의 디자인을 모방했다는 소식이 페이스북에서 급속도로 퍼진 것이다. 이 소식은 곧바로 패션업계와 소비자들 사이에서 큰 관심을 끌었다. 큰 기업이 작은 기업의 아이디어를 도용했다는 이슈는 로우로우에 예상치 못한 방식으로 긍정적 효과를 가져다주었다. 사람들은 '얼마나 독창적이고 매력적인 디자인이기에 대형 기업이 베끼려 했을까?'라고 생각했고, 로우로우의 디자인 능력이 시장에서 주목받으며 브랜드 인지도가 높아졌다. 의도치 않은 논란 속 경쟁자의 등장이 로우로우 제품의 가치를 높여 선택 확률을 높이는 유인효과attraction effect를 발생시킨 것이다(3장 참고). 나아가 로우로우의 제품은 단순한 패션 아이템을 넘어 혁신과 독창성을 담은 제품이라는 '대표성representativeness'이 만들어졌다. 사건의 결말은 더욱 흥미로웠다. D 브랜드는 논란이 확산되자 결국 제품 판매를 중단하고 시장에서 제품을 회수하기로 결정했다. 더 나아가, 로우로우에는 보상금을 지불하며 사건을 마무리 지었다. 이 모든 과정에서 로우로우는 피해자에서 승자로 바뀌었고, 이 사건은 회사에 전화위복의 계기가 되었다.

가치를 나누면
유대감이 형성된다

로우로우의 창의적이고 혁신적인 디자인 철학은 시장에서 점점 더 많은 주목을 받으며, 다양한 기업들과 협업할 기회를 가져다 주었다. 이러한 콜라보레이션으로 로우로우는 다른 브랜드와 함께 새로운 제품을 만들어내며 서로의 강점을 결합하고, 새로운 시장을 개척해나갔다. 특히 주목할 만한 협업은 삼성에버랜드의 패션 브랜드 '엠비오MVIO'와의 파트너십이다. 엠비오는 동양적인 미학과 현대적인 디자인을 접목한 제품으로 잘 알려져 있으며, 로우로우와의 협업에서는 두 브랜드의 디자인 철학이 만나 새로운 시너지가 발생했다. 이 협업에서 탄생한 제품들은 각 브랜드의 팬층에게 신선함을 제공하며 시장에서 긍정적인 반응을 이끌어냈다.

또 다른 혁신적인 협업은 '배달의 민족'과 진행되었다. 배달의 민족은 대한민국에서 가장 큰 음식 배달 서비스 중 하나로, 로우로우는 배달원들의 필요를 충족하는 맞춤 라이더 가방을 특별히 설계해 제작했다. 이 가방은 동전부터 카드 단말기에 이르기까지 배달원들이 다양한 물품을 효과적으로 수납할 수 있도록 디자인되었으며, 배달원들이 훨씬 더 효율적이고 편리하게 일상 업무를 처리할 수 있도록 해주었다.

'브래들리 타임피스Bradley Timepiece'와 협업해서 만든 시각장애인들을 위한 시계도 주목할 만하다. 이 시계는 손으로 만져서 시간을 확인할 수 있게 디자인된 혁신적인 제품으로, 시간을

브래들리X로우로우

시각적으로 확인하기 어려운 모든 사람에게 유용하다. 로우로우는 브래들리 타임피스와의 협업으로 제품의 디자인과 가능성을 더욱 향상시켰으며, 더욱 폭넓은 고객층에게 접근할 수 있었다.

각기 다른 분야의 기업들과 손을 잡음으로써 로우로우는 지속적으로 새로운 아이디어를 실험하고, 디자인 철학을 더욱 널리 펼쳐 보였다. 이는 로우로우가 시장에서 독특하고 혁신적인 위치를 차지하는 데 결정적인 역할을 했다.

로우로우의 성공적인 협업 비결 중 하나는 바로 파트너를 향한 깊은 존경과 인정이다. 로우로우는 공장 사장님들이야말로 30~40년 동안 제품을 만들어온 장인으로, 이분들과의 협업이야말

로 정말 가치 있는 협업이라 생각했다. 제품마다 협업 업체의 노력과 기여를 강조하는 방식은 단순히 로고를 나란히 배치하는 것 이상의 의미를 지닌다. 로우로우가 단지 제품을 만드는 브랜드가 아니라, 파트너와의 동반 성장을 중시하는 철학을 가진 브랜드임을 분명히 보여주기 때문이다.

이러한 철학은 특히 안경 제작에서 더욱 두드러졌다. 로우로우는 안경테 제작에 티타늄을 사용했는데, 이 테는 대구에 위치한 '대한하이텍'이라는 전문 업체에서 생산했다. 단순한 협업을 넘어서 상호 존중과 파트너의 장인정신을 소비자에게 전달하겠다는 의지를 담아 안경테에 'DAEHAN'이라는 글자를 로우로우 로고와 함께 새겼다. 안경을 소개하는 방식에도 철학을 반영했다. 로우로우는 "이것은 로우로우가 만든 안경이 아닙니다. 1985년부터 32년 동안 티타늄에 미친 분이 만들었습니다"라며 제품의 품질과 고유한 가치를 전문가의 열정과 연결 지어 강조했고, 단순한 제품을 넘어 그 이면의 이야기와 의미를 전달하면서 제품에 깊은 인상과 신뢰를 구축했다. 신발 제작에서도 로우로우는 비슷한 방식을 취했다. 신발의 밑창에 제조업체 'SGX'의 로고와 로우로우의 로고를 나란히 새기면서 각 제품이 양질의 협업 과정을 거쳐 탄생했음을 명시했다.

정리하자면, 로우로우는 파트너의 전문성과 열정을 존중하는 철학을 바탕으로 제품을 개발하면서 소비자들에게 높은 품질에 대한 신뢰를 심어주었다. 또한 제품 제작 과정에서 진정성과 투명성을 강조하면서 소비자들에게 열정과 장인정신이 담긴 작품을 제공했다. 소비자가 단순히 제품을 구매하는 것을 넘어 그 제품이 어떻게 만들어졌는지에 관심을 갖는다는 것을 알았기 때문이다. 진정성은 소비자에게 중요한 가치로 다가온다.

나아가 로우로우는 지속 가능성과 윤리적 소비의 중요성을 소비자들에게 전달하고자 했다. 단기적인 이익보다는 장기적인 성장을 추구하는 브랜드 가치를 보여주면서, 로우로우의 철학에 공감하는 소비자와 깊은 유대감을 형성했다. 제품뿐만 아니라 제조 과정에 참여한 모든 이들에게 경의를 표하는 로우로우의 전략은 독특한 판매 포인트가 되어서 소비자들로 하여금 제품 구매로 브랜드의 철학을 지지하도록 만들었다.

브랜드 철학을 반영한 전략 덕분에 로우로우의 안경은 출시 48시간 만에 완판되었으며, 신발은 1년 반 동안 1만 5,000켤레가 판매되는 성과를 거두었다.

본질을 확장하는 여정

로우로우는 '본질을 묻고 답한다'라는 철학을 제품 개발과 디자인에서 일관되게 확장해나가고 있다. 회사 홈페이지에서부터 이러한 철학을 잘 정리해 두었으며, 만들어내는 제품들도 철학에 맞춰 각각의 기본적인 기능에 충실하면서도, 시대와 사용자의 요구에 부응하는 혁신을 담고 있다.

2012년, 로우로우는 '가방다운 가방'을 만들기 위해, 가방의 본질적인 기능인 '이동과 수납'에 집중했다. 유행을 타지 않으면서 사용하기 쉽고 견고한 가방을 제작하는 것을 목표로 '트립웨어 TRIPWEAR' 시리즈를 출시했다. 단순하면서도 실용적인 디자인을 갖춘 이 시리즈는 일상적 사용뿐만 아니라 여행 시에도 큰 편리함을 제공하는 것을 목적으로 했다.

2015년에는 '신발다운 신발'을 만드는 프로젝트를 진행했다. 신발의 기본적인 역할인 '발을 보호하는 도구'로서의 기능에 집중해 신발에 수백 개의 작은 구멍을 뚫어 통풍이 잘되고 가벼워지도록 했다. 신을수록 발이 편안해지도록 설계된 이 신발은 고객들에게 높은 평가를 받으며 성공적인 반응을 이끌어냈다.

2016년에는 '안경다운 안경'을 만들기 위해 안경의 원래 목적인 '의료 장비'로서의 기능에 집중했다. 이를 위해 세계에서 두 번째로 가벼운 베타티타늄을 사용하여 무게가 단 5그램인 안경을 제작했다. 장시간 착용해도 눈과 얼굴이 편안한 이 안경은 큰 인기를 끌었다. 2018년에는 이동과 수납이라는 최종 목표를 달성하기 위해 혁신적인 캐리어 손잡이 'TT Handle™'을 개발하여 캐리어 시장에 큰 변화를 이끌었고, 세계 유수의 디자인 어워드

로우로우 브랜드 철학

를 수상하는 성과를 거두었다. 2020년에는 '입는 가방' 개념을 도입하여, 별도의 가방 없이 충분한 수납 공간을 제공하는 웨어러블 백을 개발했다. 이 제품은 자유로운 이동성과 충분한 수납 능력을 갖춘 의류로, 사용자에게 자유를 제공하는 것을 목적으로 했다. 2021년에는 가벼운 여행을 콘셉트로 캠핑용품을 출시했다. 쉽고 편한 수납과 이동이 가능하도록 만든 이 가방은 사용자가 더 많이 외출하고 더 많은 경험을 할 수 있도록 돕는다.

로우로우의 제품들은 각각의 본질적인 기능을 극대화하는 동시에 현대적인 사용자의 요구에 부응하는 혁신을 지속적으로 추구해왔다. 이러한 접근으로 로우로우는 단순히 제품을 넘어 라이프 스타일을 제안하는 브랜드로 자리매김할 수 있었다.

본질은 단단하게, 변화에는 유연하게

"창업 단계부터 자신의 가치와 철학을 담은 브랜드를 디자인하는 것이
지속적인 경영과 비즈니스 활동에 중요하다"
- 이의현·로우로우 대표

무인양품無印良品은 그 이름에서부터 독특한 브랜드 철학을 드러
낸다. '양품'은 직역하면 '좋은 제품'을 의미하며, 브랜드가 제공하
고자 하는 양질의 품질을 약속한다. '무인'은 더 깊은 철학적 의미
를 내포하는데 '인', 즉 브랜드의 특징이나 로고가 없다는 의미에
서 'no brand' 또는 '브랜드 없음'을 의미한다. 이는 단순히 로고가
없다는 것을 넘어서, 불필요한 장식이나 과도한 특징을 배제하고
본질에 충실한 디자인을 추구하겠다는 무인양품의 철학을 상징한
다. 무인양품의 아트 디렉터 하라 켄야原研哉는 이러한 '브랜드 없
음'을 '비움emptiness'이라고 표현했다. '비움'의 개념은 단순함과 여
백으로 다양한 생각과 용도를 수용하는 유연성을 뜻한다. 무인양
품의 제품은 비움의 철학을 반영하여 과도한 장식이나 색상을 배

제하고, 기능적이고 실용적인 형태를 강조한다. 소비자가 제품 자체보다 제품이 제공하는 경험과 가치를 중시하게 만드는 것이다.

무인양품의 브랜드 비전은 '이것이 좋다'가 아닌 '이것으로 좋다'에 있다. 이는 고객에게 강요하기보다는 고객의 선택을 존중하고, 각자의 생활 방식에 자연스럽게 녹아드는 제품을 제공하겠다는 뜻이다. 동양철학의 '무無' 개념에서 영감을 받은 것으로, 미래 지향적인 절제와 창조적인 생략을 추구하겠다는 의도의 반영이다. '무지다움Mujiism'이라고도 불리는 브랜드 철학은 단순히 물건을 갖추는 것이 아니라, 필요한 것에 집중하여 삶을 풍요롭게 만드는 새로운 소비 가치를 제안한다.

무인양품 매장은 '무지월드MUJI World'라고 불리는 하나의 조화로운 세계를 이룬다. 다양한 제품이 개별적으로 존재하기보다 공간 전체가 일관된 철학과 문화를 반영해 서로 어울린다. 이러한 접근 방식은 무인양품을 철학과 문화를 전달하는 공간으로 소비자들에게 인식시킨다. 이 모든 것이 모여 무인양품의 독특한 브랜드 정체성을 구축하고, 전 세계 수많은 소비자들에게 사랑받는 이유를 제공한다.

감정적 연결을 강화하는
브랜드 철학

브랜드 철학은 브랜드의 핵심 가치와 신념의 표현으로, 브랜드가 추구하는 목표와 방향성을 제시한다. 브랜드 철학은 브랜드가 정체성을 바탕으로 어떻게 비즈니스를 운영하고 고객과 소통할지, 어떤 제품이나 서비스를 개발하고 마케팅할지를 결정하는 중요한 축이다. 철학이 있는 브랜드는 고객에게 신뢰와 호감을 얻을 수 있으며, 지속적인 성장과 발전이 가능해진다. 따라서 브랜드 철학은 브랜드 전략의 핵심 요소로 반드시 고려되어야 한다.

브랜드 철학을 수립할 때는 브랜드의 정체성, 타깃 고객, 그리고 시장 환경을 고려해야 한다. 브랜드 정체성은 브랜드가 지향하는 이미지나 가치관을 잘 반영해야 한다. 타깃 고객의 요구와 니즈를 충족하는 데 중점을 두어야 하며 시장 환경에 따라 유연하게 변화할 수 있어야 한다.

잘 정립된 브랜드 철학은 소비자 행동에 깊은 영향을 미치며, 소비자와 브랜드 사이의 신뢰와 감정적 유대를 강화한다. 예를 들어, 다우니는 '보호받고 싶은 향기'라는 철학을 바탕으로 소비자와의 감정적 연결을 강화하면서 소비자의 소중한 옷을 보호하고 유지하는 브랜드로 자리매김했다. 특히, "향기로 삶의 질을 높이자"라는 핵심 메시지를 담은 '다우니 향기 부스터' 시리즈를 만들어 향기를 더욱 강력하게 오래 지속시키는 다양한 향기 부스터 제품을 소개했다. 또한 소비자들이 자신의 취향에 맞는 향을 선택할 수 있도록 하면서 '보호받고 싶은 향기'라는 브랜드 철학을 잘 전달했다.

브랜드 철학이 없는 브랜드는 소비자와의 감정적 연결이 약해진다. 가격이나 기능성에만 의존하게 되니 소비자 충성도가 낮아지고 다른 브랜드로 쉽게 대체된다. 한때 사진 필름 시장의 선두 주자로 자리 잡았던 코닥Kodak은 필름 사업에 집착하며 디지털 기술의 발전을 무시한 결과 2012년 파산 신청했다. JC페니JC Penny는 2011년 새로운 CEO가 기존의 할인 중심 전략을 버리고 고급 브랜드로 이미지를 전환하려 했으나, JC페니만의 브랜드 정체성을 잃어버리면서 소비자들에게 혼란을 주었고 매출이 급격히 감소했다.

브랜드가 성공하려면 명확한 브랜드 철학과 더불어 변화하는 시장 환경에 적절히 대응하는 것도 중요하다. 한때 스마트폰 시장을 주도했던 블랙베리Blackberry가 구글과 애플에 밀려 위기에 직면한 이유는 비즈니스 중심의 브랜드 철학을 고집하면서 일반 소비자들이 원하는 다양한 기능과 사용자 경험을 제공해주지 못했기 때문이다.

2

감정으로 끌어들이고
데이터로 붙잡아라

- 퀀잇과 감정의 꼬리표

객관적 사실보다
주관적 감정으로

커피 자동판매기 앞에 서니 두 가지 옵션이 보인다. 하나는 '고급 커피', 다른 하나는 '일반 커피'다. 그런데 놀랍게도 가격이 같다. 이 상황에서 사람들은 어떤 선택을 할까? 거의 모든 사람이 고급 커피를 선택할 것이다. 왜일까? 비단 커피의 맛이나 품질에 실제로 차이가 존재한다는 믿음 때문만은 아니다. 사실 자동판매기에서 판매되는 커피에는 큰 차이가 없을 가능성이 크다. 그럼에도 '고급'이라는 꼬리표는 소비자의 선택에 강력한 영향을 미친다. '이왕이면 다홍치마'라는 심정, 즉 무언가 더 나은 것을 선호하는 인간의 본성 때문이다. 이러한 현상은 감정의 꼬리표affective tag라는 개념으로 설명할 수 있다.

감정의 꼬리표는 제품이나 서비스에 붙은 특정 단어나 문구로 소비자의 감정을 자극하여 그 제품이 실제보다 가치가 높다고 느끼게 만드는 현상을 말한다. 이 꼬리표는 소비자가 제품을 평가할 때 객관적 사실보다 주관적 감정에 더 크게 의존하도록 유도한다. 고급 커피와 일반 커피가 같은 가격이어도 많은 사람이 고급 커피를 선택하는 이유는 그들이 느끼는 심리적 만족감과 밀접하게 연결되어 있다.

감정의 꼬리표는 마케팅에서 매우 중요한 역할을 한다. 마케터는 감정의 꼬리표를 자극해서 제품에 긍정적인 이미지를 부여하고, 소비자의 구매 결정을 유리하게 이끌 수 있다. 앞의 사례에 빗대어 설명하자면 고급 커피를 선택할 때 소비자가 느끼는 가치의 상승이 곧 제품 자체의 질적 우수성을 뛰어넘는 경험을 제공하기 때문이다. 결과적으로, 제품이나 서비스에 붙은 긍정적인 감정의 꼬리표는 텍스트 이상의 강력한 영향력을 발휘하며, 소비자의 인식과 행동에 깊은 영향을 미친다.

'프리미엄', '국산', '100퍼센트'에 숨은 비밀

흔히 광고에서 아름답고 매력적인 유명인들이 제품을 홍보하는 모습은 감정 휴리스틱 전략의 한 가지 형태로 볼 수 있다. 소비자의 감정에 직접적으로 어필하는 방식으로, 제품 정보를 전달하

100퍼센트 국내산을 강조하는 제품

는 사람, 즉 '메시지 원천'의 매력도와 신뢰성이 큰 영향을 미친다. 메시지 원천의 신뢰성은 그의 전문성·진실성에 기반하며, 매력도는 유사성·호감성·친숙성에 좌우된다. 따라서 유명 연예인을 활용한 광고는 메시지 원천의 높은 매력도를 바탕으로 이성적 판단보다 감성적 어필로 제품에 수용도를 높이는 전략이다.

다양한 제품에 'New', 'Natural', 'Premium', 'Gold' 같은 수식어가 붙는 이유도 마찬가지다. 이러한 수식어가 소비자의 감정에 어필하여 제품의 가치를 높이기 때문이다. 비슷하게 '웰빙'과 '국산' 열풍이 불면서 식재료의 신선도와 품질이 중요해지자 식재료의 원산지를 확인하는 주부들이 늘어났다. 이에 따라 100퍼센트 국산·맛·가격의 삼박자를 갖춘 브랜드들이 큰 인기를 끌었다. 이런 트렌드는 제품명에도 반영되어 '우리쌀 생막걸리(농협)', '100퍼센트 국산 햇당면(CJ 백설)', '목장의 신선함이 살아 있는 무지방 우유 (서울우유)' 같은 제품이 등장했다. 이들 브랜드는 '국산', '무지방', '100퍼센트' 같은 문구를 활용한 감정의 꼬리표로 브랜딩 전략을 성공적으로 실행했다.

'아웃백 스테이크 하우스^{Outback Steakhouse}'라는 패밀리 레스토랑에 가면 호주 원주민의 전통악기인 디저리두가 있고, 호주 지도와 풍경 사진이 벽에 걸려 있어 마치 호주에 여행 온 느낌이 든다. 그런데 아웃백은 호주가 아닌 미국 플로리다주 탬파에 본사를 둔 외식업체다. 창업주도 미국인이고 첫 매장도 탬파에서 오픈했다. 그런데도 메뉴에는 록햄프턴, 골드코스트 같은 호주 지명이나 웃음물총새, 카카두 등 호주에서 서식하는 새 이름이 붙는다. 남녀 화장실 표시도 호주 원주민 문자로 쓰고 호주 풍물기행 프로그램도 운영한다. 미국 외식업체인 아웃백이 철저하게 호주풍 레스토랑을 표방한 이유는 무엇일까? 과거 미국에서 〈크로커다일 던디〉라는 영화가 인기를 끌면서 호주를 동경하는 사람이 늘어난 것을 활용해 '호주'라는 감정의 꼬리표로 브랜드를 포지셔닝하려 했기 때문이다.

감정의 꼬리표는 역사적인 순간에도 등장한다. 1945년 9월 2일 미주리함에서는 일본의 항복문서 조인식이 있었다. 우리에게는 광복을, 전 세계인에게는 2차 세계대전의 종식을 알린 역사적인 날이었다. 이날 연합국 최고사령관 자격으로 참석한 맥아더^{Douglas MacArthur} 장군은 일본의 항복문서에 서명하면서 파커 듀오폴드^{Parker Duofold} 만년필을 사용했다. 재밌는 사실은 맥아더 장군이 서명에 무려 여섯 개의 펜을 사용했다는 것이다. 그는 첫 번째 펜으로 자신의 이름 몇 자를 쓴 뒤 뒤에 서 있던 조너선 웨인라이트^{Jonathan}

Wainwright 장군에게 그 펜을 건네주었고, 두 번째 펜으로도 동일한 절차를 밟은 뒤 이를 아서 퍼시벌Arthur Percival 장군에게 주었다. 나머지 세 개의 펜은 미 육군사관학교와 해군사관학교, 그리고 자신의 부인 진 맥아더Jean MacArthur에게 선물하기 위해 보관했다. 왜 맥아더 장군은 이 엄숙하고 역사적인 순간에 여러 개의 펜을 사용했을까? 맥아더 장군은 2차 세계대전을 종식시킨 역사적인 날을 기념할 상징적인 물건을 무려 여섯 개나 만들기 위함이었다. 덕분에 듀오폴드 펜은 '2차 세계대전을 종식시킨 펜'이라는 감정의 꼬리표를 얻었다.

1990년 10월 3일 서독의 헬무트 콜Helmut Kohl 총리와 동독의 로타 드메지어Lothar de Maizière 총리가 통일조약서에 서약하면서 독일은 분단 45년 만에 통일을 맞는데 이때 사용한 만년필이 1924년 처음 선보인 후 세계 최고의 만년필로 자리 잡은 몽블랑Montblanc의 '마이스터스튁Meisterstuck 149'였다. 이를 계기로 몽블랑은 '베를린 장벽을 무너뜨린 만년필'이라는 감정의 꼬리표를 얻었고 소비자의 감성에 직접적으로 어필하면서 제품에 긍정적인 인식을 높였다.

이것은 당신을 위한 패션앱

코로나 19 팬데믹은 모든 연령층에 걸쳐 상당한 변화를 가져왔지만, 특히 소비 습관에 큰 영향을 미쳤다. 전 세계적으로 사회적 교류가 제한되면서 평소에 백화점, 아울렛, 편집숍을 찾아 쇼핑을 즐기던 사람들에게 큰 고통이 따랐다. 외출이 제한되고 쇼핑의 기회마저 사라진 것이다. 그나마 10~30대에 이르는 젊은 세대, 특히 MZ세대는 상대적으로 큰 어려움 없이 쇼핑을 지속할 수 있었다. 디지털 환경에 익숙하고, 코로나 이전부터 여성 패션을 중심으로 온라인 쇼핑몰이 활성화되어 있었기 때문이다. 비록 현장에서 직접 제품을 보고 만지는 경험이 빠진 것은 아쉬웠지만, 쇼핑 자체에는 큰 문제가 없었다.

반면 모바일 쇼핑에 익숙하지 않은 40~50대는 상당한 어려움을 겪었다. 이 연령대는 경제적 여유가 있고 인구수도 상대적으로 많지만, 코로나 이전까지는 이들에게 맞춤한 패션앱이 그리 많지 않았다.

40~50대를 대상으로 한 모바일 쇼핑앱의 부재에는 두 가지 주요한 이유가 있었다. 첫째, 이 연령대는 모바일 기술 사용에 익숙하지 않다는 생각이 일반적이었고 둘째, 이들이 오프라인 쇼핑을 더 선호한다는 믿음이 팽배했기 때문이다.

'우리를 위한 앱이 없다'는 50대 어머니의 불만을 듣고 나서 퀸잇의 아이디어가 탄생했다. 이후 4050을 대상으로 시장 조사를 진행한 결과, 이들이 모바일 사용에 익숙하지 않다는 것은 선입견에 불과하다는 사실이 밝혀졌다. 대부분이 특정 앱을 검색하고 유튜브로 영상을 시청하는 데 전혀 어려움이 없었던 것이다. 다만 오프라인 쇼핑을 선호하는 경향은 여전히 강력했다. 많은 사람이 상품을 직접 보고, 만지고, 시험해보는 경험을 중시했다. 그러나 코로나 19로 많은 오프라인 매장이 운영을 중단하거나 제한적으로 운영하면서 쇼핑 활동이 크게 제한받자, 4050을 위한 새로운 쇼핑앱의 필요성이 부각되었고 디지털 쇼핑 플랫폼을 개발할 중요한 동기가 마련되었다.

고객 맞춤 인터페이스

라포랩스(㈜)는 팬데믹 시대에 변화하는 소비 패턴을 신속히 인식하고, 40~50대 여성을 위한 혁신적인 쇼핑 앱을 개발하기로 결정했다. 단순히 시장의 빈틈을 파고드는 것을 넘어, 이 연령대의 특성과 필요를 정확히 이해하고 대응한 결과였다. 우선 목표 시장의 특성을 정확히 파악해 40~50대 여성이 온라인에서도 오프라인과 같은 고객경험을 할 수 있도록 앱을 개발하는 데 집중했다. 2020년 9월 앱을 출시하면서는 고객경험 못지않게 4050 여성을 위한 앱이라는 점을 강조했다. 존경과 사랑의 마음을 담아 고객을 지칭하는 단어 '퀸Queen'과 누구나 꼭 갖고 싶어 하는 필수 아이템을 의미하는 신조어 '잇IT'을 결합해 '4050 퀸들을 위한 필수 패션 앱'이라는 감정의 꼬리표를 붙여 "퀸잇"이라는 브랜드를 만들었다.

퀸잇 모바일앱의 핵심 목표는 기존 2030 위주의 쇼핑몰에서 소외되거나 만족을 느끼지 못했던 4050에게 만족스러운 쇼핑 경험을 제공하는 것이기에 50대 여성 고객에 맞춰서 고객경험을 설계했다. 20~30대가 자주 사용하는 일반적인 쇼핑앱이 다양한 제품을 제시하면서 소비자를 현혹했다면 퀸잇은 한 화면에 단 하나의 상품만을 큼직하게 보여주어 타깃 고객이 제품을 보다 쉽게 파악하고 집중할 수 있도록 했다. 마치 백화점이나 아울렛에서 브랜드 매장을 방문하여 원하는 옷을 직접 보는 듯한 느낌을 주기 위함이었다.

모바일 쇼핑에 익숙하지 않은 고객을 위해 결제 과정도 간소화했다. 큼직한 결제 버튼과 간단한 인터페이스는 마치 매장에서 카드 결제를 하는 것처럼 설계되어 간편하게 쇼핑을 끝마칠 수 있었다. 또한 쿠팡페이나 카카오페이 같은 간편 결제 시스템 '퀸잇페이'를 도입하여 결제 과정을 더욱 신속하고 편리하게 만들었다.

각자 선호하는 브랜드만을 엄선해 모아서 보여주는 기능은 사용자의 쇼핑 편의성을 높여주어 재방문 비율을 높이고 재구매를 유도했다. 단순히 브랜드별로 제품을 모아보는 기능뿐만 아니라 카테고리별로도 제품을 세분화함으로써 사용자들이 원하는 스타일의 의류나 액세서리를 쉽게 찾을 수 있도록 했고 더욱 풍성하고 만족스러운 쇼핑 경험을 제공했다.

리뷰 관리 방식도 20~30대 대상 쇼핑 앱처럼 모든 고객의 리뷰를 나열하는 대신, 제품 사이즈별로 리뷰를 모아보는 기능을 제공했다. 고객이 자신의 사이즈를 앱에 저장하면, 그에 맞는 사이즈의 제품만 볼 수 있게 한 것이다. 이러한 사이즈 기반 리뷰 시스템은 중장년층 사용자들의 긍정적인 반응을 얻었다.

말로 그치지 않고 충실히 4050 여성의 고객경험을 디자인한 결과 퀸잇 앱은 출시 이후 1년 6개월 만에 누적 다운로드 350만 회를 기록하며, 2021년 월간 이용자 수Monthly Active User; MAU가 가장 많이 증가한 한국 쇼핑앱 1위에 오르는 성과를 이루었다. 2021년에는 월 거래액이 100억 원에 이르렀으며, 구글플레이에서 '2021 올해를 빛낸 일상생활 앱'으로 선정되기도 했다. 그러나 퀸잇의 성공 뒤에는 말 못 할 고민이 많았다.

고객 니즈 저격의 아이러니

퀸잇이라는 쇼핑앱은 사실 초기에 최소기능제품Minimum Viable Product; MVP(이후 MVP)으로 출시되었다. MVP는 제품 개발 초기 단계에서 핵심 기능만을 포함한 제품을 신속하게 출시하여 시장 반응과 고객 니즈를 파악하는 전략으로, 고객의 요구와 기대를 반영하여 제품을 발전시키는 효과적인 방법이다.

드롭박스Dropbox는 MVP 전략을 성공적으로 활용한 대표적인 사례이다. 드롭박스는 파일 공유와 저장 서비스를 제공하는 소프트웨어로, 처음부터 복잡한 제품을 개발하지 않았다. 대신 간단한 데모 영상을 제작하여 드롭박스의 개념을 설명하고 서비스가 어떻게 작동하는지 보여주었다. 영상은 실제 제품이 완성되기 전에 사용자들의 큰 관심을 끌었고, 순조롭게 초기 베타테스트 참여자들을 모집했다. 성공적인 베타테스트로 고객의 피드백을 받은 드롭박스 팀은 정식 출시 전에 제품을 개선하고 시장 수요를 검증할 수 있었다. 드롭박스는 빠르게 성장하여 현재는 수백만 명의 사용자를 보유한 성공적인 클라우드 서비스로 자리 잡았다. 반면 주르닷컴Joor.com은 패션 브랜드와 소매업체를 연결하는 기업 간 거래B2B 전자상거래 플랫폼을 구축하고자 했으나, 초기 제품 개발에 너무 많은 기능을 포함하려다 보니 개발이 지연되었고, 시장 출시가 늦어지면서 초기 고객들의 기대를 충족시키지 못했다. 또한 초기 버전의 복잡한 기능은 사용자를 혼란스럽게 했고, 사용자 경험이 떨어지면서 고객 이탈이 발생하는 등 오히려 시장에서의 검증 기회를 놓쳤다. 정리하면 드롭박스는 간단한 데모와 기본 기능으로 고객의 요구를 정확히 파악하고 제품을 점진적으로 발전시켜 성공을 거두었지만, 주르닷컴은 초기부터 과도하게 많은 기능을 포함하려다 고객의 실제 요구를 제대로 반영하지 못해 실패를 경험했다. 퀸잇은 드롭박스처럼 MVP를 성공적으로 활용했다. 최소 기능으로 제품을 출시한 후 매주 중요한 기능을 하나씩 추가하며 제품을 개선해나갔다.

퀸잇의 가장 큰 특징은 40~50대 고객의 니즈를 정확하게 파악하고 이를 충족하려는 노력이었다. 보통 쇼핑앱의 성공 여부는 브랜드의 힘에 크게 의존한다. 특히 40~50대 고객이 선호하는 브랜드가 입점해 있다면, 고객에게 큰 호응을 얻는다. 하지만 아무리 섬세하게 디자인하여 탁월한 고객경험을 제공하려 해도, 구매할 제품이 없다면 그 모든 노력은 헛수고일 뿐이다.

새롭게 만들어진 쇼핑앱에서는 입점할 브랜드를 찾는 일이 큰 문제다. 브랜드를 입점시키는 방법은 크게 두 가지다. 하나는 브랜드가 직접 입점하는 방식이고, 다른 하나는 의류 브랜드 사이트에서 제품 사진과 정보를 모아서 쇼핑 앱에 보여주는 크롤링crawling, 즉 간접 입점 방식이다. 브랜드 파워가 없는 상황에서는 브랜드를 직접 입점시키는 데 시간이 오래 걸릴 수밖에 없다. 그래서 크롤링으로 간접 입점시키는 것이 짧은 시간 안에 빠르게 성장하는 방법이다.

다만 이 방식에는 수수료를 받을 수 없다는 근본적인 문제가 있다. 크롤링을 사용하면 쇼핑앱은 단순히 제품을 보여주는 뷰어 역할을 할 뿐이다. 고객이 주문하면 쇼핑앱의 직원이 해당 브랜드 사이트에서 직접 주문하고 배송지를 고객 주소로 변경하여 제품을 보내는 방식이다. 고객은 쇼핑앱에서 주문했기 때문에 수수료를 줄 필요가 없고, 판매자도 쇼핑앱에서 자사 제품을 판매한 것이기에 수수료를 줄 필요가 없다. 이런 이유로 처음 3개월에서 6개월 동안은 수수료 수입이 없고, 제품 하나를 팔 때마다 오히려 손해를 본다.

고객 니즈를 정확히 파악했다는 기쁨도 잠시, 결제·배송·서버 접속 등 다양한 분야에서 문제가 발생했다. 초기에는 회사 공용 계좌번호에 무통장 입금밖에 안 되다 보니 신규 가입자가 증가하면서 주문이 늘어날 때마다 입금자와 주문자 정보를 일일이 대조하는 일에 시간을 많이 빼앗길 수밖에 없었다. 반품하는 고객이 나타나기 시작하자 상황은 더욱 복잡해졌다. 고객 불만이 커지자 퀸잇은 신규 사용자 확보를 위한 마케팅 활동을 4주간 중단하면서 신규 가입을 막는 결정을 내려야 했다. 이런 결정이 불가피했다는 것은 데이터가 여실히 보여준다. 퀸잇은 출시 1년 만에 앱 설치 인원수가 1만 4,649명에서 68만 2,948명으로 46배나 증가했고, 월간 활성 이용자 수 역시 1만 3,313명에서 102만 3,361명으로 77배 증가했다. 최소기능제품으로 고객 니즈를 성공적으로 저격했지만, 갑작스럽게 증가한 고객을 감당하기에는 기능이 많이 부족했던 것이다.

데이터를 보면
사람이 보인다

새로운 쇼핑앱을 성공적으로 알리기 위해 퀸잇은 고객 맞춤형 마케팅 전략을 실시했다. 20~30대가 인스타그램과 같은 플랫폼에서 시간을 보낸다면, 40~50대는 밴드, 카카오스토리, 페이스북과 같은 소셜미디어를 선호하는 경향이 뚜렷했다. 이러한 차이를 인지한 퀸잇 팀은 4050이 활발히 활동하는 SNS 플랫폼에 광고를 게재하여 초기 사용자 1,000명을 효과적으로 모집했다. 구매 결정을 내릴 때 타인의 추천을 중요하게 여기는 4050의 경향을 볼 때 이 전략은 단순히 사용자를 늘리는 것을 넘어 실제 구매로 이어지는 경로를 만들었다. SNS 광고로 앱에 처음 접속한 사용자들이 제품 구매 경험을 자신이 속한 커뮤니티나 모임에 공유했고, 소셜 네트워크에서 자연스럽게 홍보가 이루어지면서 퀸잇의 제품과 서비스는 더 넓은 범위의 잠재 고객에게 도달했다. 고객들 사이에서의 자발적인 입소문이 자연스럽게 더 많은 신규 고객을 유치하는 선순환 구조를 만들어내면서 빠르게 시장에 안착하고 성장할 기반이 마련된 것이다. 일단 고객이 퀸잇을 찾은 후에는 고객 데이터를 바탕으로 맞춤형 마케팅 활동을 진행해 한 번 유입된 고객이 빠져나가지 않도록 했다.

지금 고객에게
필요한 것은 무엇인가?

행동경제학에서는 데이터를 활용해 다양한 형태의 의사결정을 지원한다. 예를 들어 데이터로 인간의 비합리적인 행동 패턴을 이해하고 이를 바람직한 방향으로 유도하기도 한다. 미국의 퇴직연금 가입률 변화는 행동경제학적 개입이 성공적으로 작용한 대표적인 사례로 평가받는다. 과거 미국에서는 많은 직원이 고용주가 제공하는 퇴직연금 플랜에 가입하지 않는다는 문제가 있었다. 근본적인 원인은 복잡한 가입 절차와 무관심, 그리고 인간의 본능적 게으름이었다. 대부분의 플랜이 직원이 자발적으로 가입해야 하는 옵트인opt-in 방식을 채택하고 있었으며, 많은 직원이 중요한 재정적 결정을 미루거나 아예 하지 않았다. 결과적으로, 많은 사람이 은퇴 후 재정적 어려움에 처하곤 했다.

행동경제학자들은 이 문제를 해결할 방법으로 옵트인 방식 대신 옵트아웃opt-out 방식을 도입할 것을 제안했다. 옵트아웃 방식에서는 직원들이 자동으로 퇴직연금 플랜에 가입되며, 원하지 않을 경우에만 명시적으로 탈퇴할 수 있도록 했다. 이는 사람들이 기본값으로 설정된 옵션을 따르는 경향이 있다는 기본효과default effect를 활용한 전략이었다. 다양한 기업에서 수집한 데이터로 정책 변화의 효과를 평가한 결과, 옵트아웃 방식을 도입한 기업은 퇴직연금 가입률이 50퍼센트에서 90퍼센트 이상으로 증가해 정책 변화의 극적인 효과를 보여주었다.

퀸잇 역시 데이터를 활용해 보다 영리하게 개인 맞춤 서비스를 제공한다. 만약 고객이 마음에 드는 광고를 보고 클릭했는데 제품 페이지가 아닌 메인 페이지로 연결된다면 고객은 어떻게 행동할까? 원하는 제품을 메인 페이지에서 다시 검색하는 소비자도 있겠지만 대부분은 그냥 나가버릴 것이다. 그래서 퀸잇은 광고를 클릭했을 때 보고 싶어 하는 제품 페이지로 직접 연결되도록 했다. 이는 고객의 기대와 실제 경험 사이의 불일치를 줄이고 효율적인 쇼핑 경험을 제공했다. 또한 고객의 구매 패턴을 분석하여 그들이 다시 방문했을 때 선호할 만한 제품을 우선적으로 보여주는 맞춤형 추천 시스템을 구현해 보다 개인화된 쇼핑 경험을 제공했다. 만족도의 상승은 장기적인 고객 충성도 구축으로 이어졌다. 또한 신규 고객에게는 가장 잘 팔리는 제품을 먼저 보여주어 신뢰감 형성과 구매 결정을 유도했다.

한편으로 특정 브랜드 광고를 본 후 플랫폼을 방문한 사용자에게 할인 쿠폰을 제공했다. 이는 구매를 유도하는 동시에 브랜드 충성도를 높이는 데 효과적이다. 또한 고객이 장바구니에 상품을 추가하고 나서 일정 시간이 지나면 리마인드 메시지나 추가 할인 쿠폰을 발송하여 재방문을 유도했다. 더불어 이탈 고객을 관리하는 데에도 세심한 주의를 기울였다. 2주 이상 재방문하지 않은 고객에게는 쿠폰이나 마케팅 메시지를 보냈고, 4주 이상 재방문이 없는 고객의 경우 이탈로 판단하여 별도의 재유치 전략을 동원했다. 이러한 계층화된 고객관계관리Customer Relationship Management; CRM는 퀸잇이 다양한 고객 세그먼트segment에 효과적으로 대응하고 장기적으로 고객 기반을 유지하며 성장할 기반을 마련해주었다.

친근하면서도
신뢰할 수 있는 브랜드

퀸잇의 급속한 성장은 대규모 투자 유치로 이어졌다. 2021년 1월 55억 원을 시작으로 7월에는 100억 원, 2022년 2월에는 무려 360억 원의 투자를 받아 총 515억 원의 누적 투자금을 확보했다. 자본력을 바탕으로 퀸잇은 대중 마케팅에 본격적으로 나섰다. 그 중심에 '동네셀럽 프로젝트'가 있었다. 이 프로젝트는 일반 주민을

모델로 기용하여, 그들의 일상
속 패션을 보여주면서 공감대를
형성하려는 새로운 형태의 마케
팅 전략이다. "우리가 아무거나

퀸잇 광고

동네셀럽 프로젝트

걸칠 나이는 아니죠. 옷 좀 아는 언니들의 패션앱"이라는 메시지
를 전면에 내세워 성수동, 한남동, 목동, 논현동 등 특정 동네를 주
제로 숏폼 영상을 제작했다. 이러한 접근은 일반적인 광고와 달리
지역 커뮤니티 정체성과 밀접하게 연결되어 사용자의 호응을 크
게 이끌어냈다. 일반 주민을 모델로 사용하는 광고는 감정 휴리스
틱 측면에서 인간은 익숙한 것을 선호한다는 친숙효과familiarity effect
와 관련이 있다.

　인간은 동일한 자극에 반복해서 노출될수록 그 자극에 더 큰 호
감을 느낀다. 광고에서도 특정 브랜드나 로고를 반복적으로 노출
하면 소비자는 해당 브랜드에 더 긍정적인 감정을 갖는다. 반복적
인 노출로 익숙함이 증대되어 자연스럽게 해당 브랜드를 신뢰하
고 선택하는 것이다. 또한 인간은 친숙한 것에서 안정성과 안전성
을 느끼는데, 이는 불확실성을 회피하려는 인간의 본능적인 경향
에서 비롯한다. 예를 들어, 우리는 오랫동안 사용해온 특정 브랜
드를 계속해서 선택한다. 해당 브랜드가 실제로 더 우수해서라기
보다, 그 브랜드를 잘 알고 친숙하기에 더 안전하다고 느끼기 때
문이다. 이러한 심리적 안도감은 소비자가 미지의 새로운 선택을

피하고, 익숙한 것에 머무르도록 하는 강력한 힘으로 작용한다.

더불어 일반 주민을 모델로 사용한 마케팅은 '사회적 증거social proof'와도 깊은 관련이 있다. 사회적 동물로서 인간이 타인의 행동을 기준 삼아 자신의 행동을 조정하는 경향을 뜻하는 말로, 불확실한 상황에서 특히 강하게 나타난다. 인간은 어떤 선택이 최선인지 확신하지 못할 때 다른 사람의 행동을 참고하여 결정을 내린다. 예를 들어 아마존과 같은 전자상거래 플랫폼에서 특정 제품에 수천 개의 긍정적인 리뷰가 달렸다면, 이는 그 제품이 품질이 좋고 신뢰할 만하다는 사회적 증거로 작용한다. 같은 맥락에서 '베스트셀러', '고객들이 가장 많이 선택한 제품'과 같은 문구는 해당 제품이 이미 많은 사람에게 선택받았으므로 신뢰할 만하고 인기 있다는 인식을 심어준다. 낯선 도시를 방문해 레스토랑을 선택할 때 가장 붐비는 곳을 선택하는 것 역시 많은 사람이 그곳에서 식사하고 있다는 사실 자체가 그 레스토랑이 좋다는 사회적 증거로 작용하기 때문이다.

퀸잇은 한쪽에서는 일반인 모델을 활용하여 친숙효과와 사회적 증거를 노리면서 한편으로는 유명 배우 김희선을 앞세워 "퀸들이 주인공인 패션앱, 퀸잇"이라는 광고 캠페인을 전개했다. 김희선의 대중적 인기와 신뢰감 있는 이미지는 앱의 브랜드 가치를 한층 더 높여주는 동시에 브랜드 인지도를 상승시켰다. 감정의 꼬리표라는 측면에서 살펴보면 특정 대상이나 경험에 느끼는 감정은 그 대상에 대한 판단이나 의사결정에 영향을 미친다. 김희선의 이미지역시 퀸잇과 연결되면서, 소비자들은 김희선에게 느끼는 긍정적 감정을 퀸잇 브랜드에 투영했다. 김희선의 신뢰감 있는 이미지와 대중적 인기는 퀸잇이 믿을 만하고 친근한 브랜드라는 감정적 꼬리표를 소비자들에게 심어주었다.

긍정적인 감정의 꼬리표는 소비자들이 퀸잇을 선택하고 사용하는 데 강력한 동기부여로 작용한다. 특히 패션앱 시장은 경쟁이 치열한 분야로, 소비자는 어떤 앱이 자신에게 적합할지 빠르게 판단해야 한다. 이때 '퀸잇 = 김희선이 추천하는 퀸을 위한 패션 앱'이라는 감정의 꼬리표 전략은 소비자가 퀸잇을 더 신뢰할 만한 선택지로 인식하도록 했으며, 실제로 퀸잇의 다운로드 수 증가로 이어졌다. 2024년 4월 기준 누적 다운로드 수가 640만 건을 돌파하며, 시장에서의 성공과 대중적 인기를 증명했다. 이러한 성공은 단순히 숫자의 증가에 그치지 않고, 퀸잇이 패션 산업 내에서 브랜드로서 확고한 위치를 확립하는 중요한 이정표가 되었다.

퀸잇의 성공 요인을 정리하면, 이커머스 패션업계에서 전통적으로 등한시한 4050 여성이 실제로는 탄탄한 경제력을 바탕으로 높은 구매력을 가진 매력적인 소비자라는 사실을 인식한 것이 시작이었다. 이 시장을 집중 공략하기 위해 백화점에서 점차 자취를 감추고 있는 중장년 여성 의류 브랜드에 새로운 판매 채널을 제공하자 지센Zishen, 베네통Benetton, 마리끌레르marie claire 등 수백 개의 브랜드가 입점했고 결과적으로 온라인 시장에서 중장년층 여성들을 위한 핵심 플레이어로 부상했다.

또한 퀸잇은 고객 데이터를 기반으로 맞춤형 마케팅 전략을 실시했다. 예를 들어, 앱을 실행할 때마다 나타나는 스플래시 화면 splash screen에 "스타일을 더 버라이어티하게"라는 문구와 함께 나이, 직업, 신체 조건이 다양한 모델들을 등장시켜 모든 고객이 패션의 주인공이 될 수 있다는 메시지를 전달했다. 고객에게 자신감과 소속감을 불러일으키며, 누구나 트렌드를 주도할 수 있다는 생각을 갖게 했다는 점에서 인상적이었다.

홈 화면에서 '긴급속보', '시크릿 쿠폰', '특가'와 같은 문구가 적힌 쿠폰을 푸시 알림으로 제공하는 등 고객의 구매 의사결정 과정에 적극적으로 개입한 것도 즉각적인 구매를 촉진했다. '첫9매딜' 이벤트는 990원이라는 저렴한 가격에 특가 제품을 제공하되 2만 원 이상의 제품을 함께 구매하도록 유도하며 넛지nudge 전략을 효과적으로 활용했다. 단순한 유인책이 아닌 고객의 구매경험을 풍부하게 하고, 추가 구매를 자연스럽게 유도하는 방식이었다. 이러한 전략들이 모여 퀸잇은 4050 여성들 사이에서 높은 만족도와 충성도를 얻으며 성장했고 시장에서 독보적인 위치를 확립했다.

3

제품이 아닌
라이프스타일을 팔 때

- 삼진어묵과 서브타이핑

자기만의 영역을 만드는
서브타이핑 전략

브랜드 포지셔닝brand positioning은 소비자가 브랜드를 어떻게 인식하는지를 나타내는 개념으로, 소비자는 브랜드의 속성이나 이미지 등으로 하나의 브랜드를 다른 브랜드와 구분한다. 스키마schema는 어떤 대상(제품 범주 혹은 브랜드)에 대한 소비자의 기대나 지식을 말하며, 서로 거미줄처럼 네트워크로 연결되어 있다. 예를 들어 스포츠 브랜드를 생각할 때 '활동적이고 젊은 이미지'와 같은 특성을 떠올리는 것도 우리가 가진 스키마 때문이다. 그래서 새로운 브랜드가 시장에 나오면 소비자는 기존의 스키마로 이를 이해하려고 한다. 만약 새 브랜드의 특성이 기존 스키마와 약간 다르다면moderately discrepant, 소비자는 동화 과정a process of assimilation을 통해 새 브랜드를 기존 스키마에 통합한다. 즉 신규 브랜드가 기존 스키마와 일치하는 속성을 가지면 소비자는 기존 스키마를 바탕으로 신규 브랜드를 인식하기에 신규 브랜드는 기존 브랜드와 경쟁해야 한다. 반대로 신규 브랜드가 기존 스키마와 일치하지 않는 속성을 가지면, 소비자는 기존 스키마를 수정하거나 새로운 스키마를 만든다. 이 과정에서 소비자는 새로운 속성을 독특한 꼬리표 unique tags 형태로 인식한다.

애플에서 아이팟을 출시했을 때를 예로 들어보자. 소비자들은 기존에 가지고 있던 MP3 플레이어 스키마를 바탕으로 아이팟을 인식했다. 하지만 아이팟은 클릭휠 인터페이스, 대용량 저장 능력, 아이튠즈 등 기존과 다른 디자인과 기능을 선보였기에, 소비자들은 애플의 아이팟을 독특한 꼬리표 형태로 인식했다. 이 경우 기업은 차별화된 포지셔닝 전략differentiated positioning strategy으로 신규 브랜드의 독특성을 강조한다. 하지만 독특한 속성 꼬리표는 기존 스키마와 강력하게 연결되지 않으므로 시간이 지날수록 빠르게 약해진다. 따라서 기업은 큰 비용을 들여 광고를 하는 등 소비자들의 기억에서 사라지지 않도록 방법을 동원해야 한다는 어려움이 있었다.

또한 1971년 시애틀에서 작은 커피 전문점으로 시작하여 전 세계적으로 사랑받는 커피 브랜드로 성장한 스타벅스는 '제3의 공간'이라는 개념tag을 도입하여 단순히 커피를 마시는 장소를 넘어 집과 직장 다음으로 편안하게 머물 수 있는 공간으로 매장을 차별화했다. 일반적으로 기존 스키마에 잘 동화되는 경우는 네 가지로 정리해볼 수 있다. 새로운 정보가 기존 스키마와 유사하거나 관련성이 높은 경우, 기존 스키마가 유연하고 덜 고정적인 경우, 새로운 정보가 이해하기 쉽고 명확하게 제시되는 경우, 긍정적인 감정과 연관이 잘되는 경우이다. 스타벅스는 우선 매장에 들어서면 입구부터 풍부한 커피 향을 맡을 수 있도록 커피를 끓인다(높은 유사성과 관련성). 그리고 방문객들이 긴 시간 머물 수 있도록 따뜻한 목재 톤을 사용한 편안한 좌석과 조명을 매장 곳곳에 배치한다. 각 매장에서 재생되는 음악은 편안하고 친근감을 주는 구성으로 선곡되어, 매장의 전반적인 분위기를 향상시킨다(긍정적인 감정 유발). 이외에도 커피 워크숍, 지역 예술가의 작품 전시, 현지 자선활동 지원 등 지역사회와의 연결고리를 강화한다. 스타벅스는 이렇듯 고객들과 꾸준히 소통하며 단순히 커피를 판매하는 곳이 아닌, 사람들이 모여 다양한 활동을 할 수 있는 공간(새로운 정보의 명확한 제시)으로 매장을 재구성해 시장을 리드해 왔다.

파괴적 혁신

한편 새 브랜드의 특성이 기존 스키마와 크게 다르다면strongly discrepant, 소비자는 조정 과정a process of accommodation을 거쳐 새로운 스키마를 형성하거나 기존 스키마를 수정한다. 신규 브랜드는 조정 과정을 거치면서 소비자의 인식에 독자적인 존재로 저장되거나 아니면 외면당해 기억에서 사라진다. 이때 기존 스키마와 매우 불일치한 정보를 받아들이기 위해 하위 범주를 만드는 과정을 서브타이핑sub-typing이라 한다. 서브타이핑을 거쳐 만들어진 하위 범주는 기존 제품 범주 내의 다른 브랜드와 공유되는 특성은 적고 구별되는 정보는 많다는 특성이 있다. 이때 기업은 서브타이핑 포지셔닝 전략subtyped positioning strategy을 통해 자신만의 영역을 만드는데 그 파괴력이 클 경우 이를 '파괴적 혁신'이라고 한다.

예를 들어 애플이 처음으로 아이폰을 출시했을 때, 기존 시장은 블랙베리, 노키아NOKIA 등의 피처폰이 주도하고 있었다. 이들 제품은 주로 비즈니스 사용자를 대상으로 한 고기능성 제품이었다. 소비자들은 기존에 가지고 있던 휴대전화 스키마를 바탕으로 아이폰을 인식하고자 했지만, 당시 아이폰의 직관적이고 사용자 친화적인 터치스크린 인터페이스와 앱 중심의 운영체제는 기존 휴대전화 스키마와 크게 달랐고, 소비자들은 아이폰을 스마트폰이라는 새로운 하위범주로 인식하게 되었다.

더욱이 애플은 음악(아이튠즈), 통신, 사진, 게임을 포함한 다양한 산업에서 기존의 경쟁 모델과 구조 자체가 다른 애플만의 영역을 만들었다. 애플은 이러한 서브타이핑 포지셔닝 전략으로 결국 기존 시장의 규칙을 깨뜨리고 새로운 표준을 제시하는 파괴적 혁신을 일으켰고 기존 주류 시장을 대표하던 노키아와 블랙베리를 몰락시켰다.

테슬라의 전기자동차도 마찬가지다. 테슬라의 전기자동차는 기존 자동차와 공유하는 특성(바퀴, 좌석 등)은 적지만, 구별되는 특성(배터리 구동, 자율주행 등)은 많다. 따라서 소비자들은 이를 완전히 새로운 하위범주로 인식한다. 그렇게 테슬라는 '친환경 고성능 전기자동차'라는 독자적인 영역을 개척했고 업계의 대표 브랜드가 되었다.

하던 대로 안 해야
기회가 생긴다

어묵은 원래 대중적인 저렴한 길거리 음식이 아니었다. 1970년대까지만 해도 참새가 단백질 공급원으로 인기가 많았는데 포획이 금지되면서 대체할 저렴한 단백질원이 필요해졌다. 이때 원양어업의 성장으로 어획량이 증가했고 어묵이 가격 경쟁력을 갖추면서 참새를 대체할 단백질원으로 부상했다. 1980년대에 들어서는 삼호물산, 대림수산, 동원산업과 같은 대기업이 어묵시장에 진출하며 막강한 자본력으로 유통망을 장악하기 시작했다. 대기업들의 시장 진입은 어묵 유통에 큰 변화를 가져왔다. 식품 안전에 대한 소비자들의 기준이 엄격해짐에 따라 대형 유통 체인에서는 주로 대기업 제품이 유통되고, 재래시장에서는 중소업체의 제품이 유통되는 양상이 나타났다.

이렇게 굳어져가던 어묵 시장에 변화가 시작되었다. 중소 규모의 어묵 제조업체들은 대체로 도매 대리점이나 식자재 유통업체에 어묵을 납품하는 방식으로 사업을 운영해왔다. 이 업체들은 주로 가격과 인간관계에 의존했는데, 제품이 규격화되고 표준화되어 가격 외에는 크게 차별화할 만한 요소가 없었기 때문이다.

삼진식품은 1953년에 설립된 이래 거의 60년 동안 이런 방식으로 제품을 납품했다. 회사의 변화는 미국에서 공인회계사로 일하던 박용준 대표가 부모의 요청에 따라 회사를 이어받으면서 시작되었다. 그는 많은 중소 어묵 공장이 자체 브랜드를 만들어 제품을 납품하지 않고 '부산어묵'이라는 이름으로 제품을 납품하는 것을 보고 큰 충격을 받았다. 그래서 '어묵1번가'라는 자체 브랜드를 만들어 직접 소매업에 진출하기로 결정했다.

첫 단계로 자체 쇼핑몰을 만들었지만, 특별히 광고할 만한 방법이 없었다. 이런 상황에서 그는 대기업도 아닌 중소기업 삼진식품에서 어묵1번가라는 자체 브랜드를 가지고 직접 판매를 시작하는 대담한 결정을 내렸다. 2012년 9월, 소셜커머스에서 직접 어묵1번가 판매를 시작한 그는 40퍼센트 할인 프로모션으로 첫날에만 2억 원, 일주일간 4억 원의 매출을 올렸다. 이 성공은 2012년 총매출을 40억 원으로 끌어올렸다.

성공에 힘입어 오프라인 시장 진출을 결정했다. 온라인에서 주로 젊은 층을 대상으로 했던 것과 달리, 오프라인 매장에서는 주부들을 주요 타깃으로 설정하여 다양한 소비층을 공략하는 온·오프라인 연계 전략을 추진했다. 그러나 온라인 시장에서의 성공이 오프라인으로 이어질 것이라는 기대와는 달리, 현실은 녹록지 않았다. 오프라인 매장은 개점 후 4~5개월이 지나자 큰 적자를 내기 시작했고 결국 모든 매장을 폐쇄해야 하는 상황에 이르렀다. 말 그대로 쪽박이었다.

오프라인 매장을 야심 차게 오픈했음에도 불구하고 실패한 원인을 분석해보면, 여러 요소가 복합적으로 작용했던 것으로 보인다. 첫째, 매장 위치 선정에 전략적 실수가 있었다. 기존에 어묵을 취급하는 중도매상이 있는 시장을 피해야 했으나 그러지 못했고 오픈한 위치에서 이미 시장에 자리 잡은 중도매상들과의 경쟁을 피할 수 없었다. 기존 중도매상과의 경쟁에서 제품 차별화가 잘 이루어지지 않아 결과적으로 신규 고객을 유치하는 데 실패했다. 둘째, 온라인과 오프라인 판매의 가격 정책 차이도 큰 영향을 미쳤다. 중간 마진이 거의 없는 온라인에서는 파격적인 가격 할인으로 소비자에게 매력적인 조건을 제시할 수 있었지만, 오프라인 매장에서는 가격 차별화가 쉽지 않았다. 결과적으로 오프라인에서의 가격 경쟁력 확보가 어려웠고, 이는 매장 운영에 큰 걸림돌이 되었다.

어묵이 고급 식품이라고?

삼진어묵

실패를 극복하기 위해 회사는 원점에서 다시 전략을 고민하기 시작했다. 고민 끝에 내린 결론은 어묵을 단순한 반찬이 아닌 식사 대용품으로 재정의하자는 것이었다. 특히 갓 튀겨낸 어묵이 제일 맛있다는 점을 강조하여, 소비자들이 직접 이러한 경험을 할 수 있도록 방안을 모색했다. 이 아이디어는 기존의 어묵 판매점을 단순히 어묵을 파는 곳이 아닌, 어묵 요리를 제공하는 '어묵 베이커리'로 변모시키는 결정으로 이어졌다. 소비자에게 완전히 다른 경험을 제공함으로써 판매를 넘어 어묵을 식문화의 일부로 재포지셔닝하는 서브타이핑 전략이었다.

빵집에서 갓 구운 빵의 향기와 맛을 즐기는 것처럼 매장에서 갓 튀긴 어묵을 제공하는 것과 더불어, 어묵 제조 과정을 직접 보여주면 소비자들의 어묵 신뢰도도 높아질 것이라는 생각이 들었다. 그러나 어묵 베이커리라는 개념은 많은 사람에게 생소하므로, 매장을 처음 찾는 소비자들이 혼란스러워하지 않도록 기존의 제빵 베이커리에서 볼 수 있는 인테리어 스타일과 동선을 적용하여 소비자들이 자연스럽게 집게와 쟁반을 들고 어묵을 선택할 수 있도록 했다.

2013년 12월 19일, 부산 영도 봉래동의 옛 삼진식품 공장 자리에 어묵1번가가 오픈했다. 1층에는 어묵을 제조하고 판매하는 어묵 베이커리를 설치했고, 2층에는 어묵 체험관을 만들었다. 어묵 1번가를 찾은 손님들은 어묵 고로케, 고추튀김, 통새우말이 등의 메뉴를 즐겼다. 또한, 네이버 지식인에는 "영도에 빵집처럼 보이는 어묵집이 어디에 있나요?"라는 질문이 올라오는 등 입소문이 퍼졌다. 박 대표의 의도대로 소비자들이 어묵1번가를 베이커리로 인식하자, 매장 론칭 두 달 만에 '삼진어묵베이커리'로 이름을 변경했다. 아무도 찾지 않던 공간이 1년에 80만 명이 찾는 핫플레이스로 바뀐 것이다. 어묵이 변화를 맞이하는 순간이었다.

삼진어묵베이커리의 성공은 단순한 숫자로도 증명된다. 전통적인 마트나 시장에서의 어묵 구매 금액은 1인당 평균 2,500원 정도에 불과했으나, 삼진어묵베이커리에서는 이 금액이 2만 원이었다. 이는 삼진어묵이 더 이상 저렴한 길거리 음식이 아니라, 품질과 경험을 중시하는 프리미엄 제품으로 자리 잡았음을 의미한다. 소비자들은 단순히 어묵에 돈을 쓰는 것이 아니라, 어묵 제조 과정을 직접 보고, 매장에서 제공하는 독특한 어묵 요리를 경험하는 데 높은 가격을 기꺼이 지불하는 것이다. 박대표는 '새로워야 한다, 달라야 한다'는 자신의 철학을 굽히지 않았다. 그의 고집은 브랜드가 단순히 어묵을 판매하는 것을 넘어 하나의 라이프스타일을 제안하는 것으로 거듭나게 하겠다는 의지의 표현이었다.

성장 과정 속에서 삼진어묵은 지역 브랜드인 부산어묵과의 차별화를 꾸준히 추구했다. 처음에는 많은 소비자가 "부산어묵 맞나요?"라는 질문을 하곤 했으나, 박 대표는 직원들에게 '부산어묵'이라는 말 대신 '삼진어묵'이라는 브랜드명을 사용할 것을 강조했다. 그 결과 네이버 키워드 검색량에서 '삼진어묵'이 '부산어묵'을 넘어섰다. 이는 브랜드 인지도에서의 큰 성공을 의미한다. 이 모든 과정을 거쳐오며 삼진어묵은 단순한 어묵 제조업체에서 문화와 경험을 제공하는 라이프스타일 브랜드로 완전히 거듭났다.

독점보다 경쟁이
이득이 될 때

　삼진어묵베이커리의 성공 이후 시장에는 유사한 콘셉트의 어
묵 베이커리가 속속 등장하기 시작했다. 다른 업체들이 삼진어묵
의 시그니처 상품인 어묵고로케를 비롯한 여러 제품을 카피했다.
삼진어묵 내부에서도 큰 우려가 제기되었고, '고로케를 왜 특허 안
받냐', '어묵베이커리 콘셉트 특허를 받아라'라는 목소리가 나오기
시작했다. 신제품이 시장에 출시될 때마다 기존 제품의 시장점유
율은 감소하고, 신제품과 유사한 기존 제품일수록 더 큰 타격을
받기 때문이다. 이러한 현상은 정규성의 원리regularity principle와 유
사성 효과similarity effects라는 이론적 개념으로 설명된다. 정규성의 원
리는 기존 선택 집합에 새로운 대안이 추가될 때 기존 대안의 선택
확률은 증가할 수 없다는 원칙을 말한다. 유사성 효과는 새로운 대

안과 유사한 기존 대안일수록 선택 확률이 더 많이 줄어드는 현상을 의미한다. 이 이론은 소비자의 선택과 시장 내 경쟁 구조를 이해하는 데 중요한 역할을 한다. 많은 기업이 시장점유율을 유지하고, 경쟁에 의한 손실을 최소화하고자 독점을 선호하는 것도 같은 이유에서다.

새로운 경쟁자를
활용하는 방법

경쟁자가 등장하면 시장점유율이 떨어진다는 일반적인 생각과 달리, 휴버Huber, 페인Payne, 푸토Puto는 새로운 경쟁자의 등장이 기존 제품의 선택 확률을 떨어뜨리지 않고 오히려 증가시킬 수 있다는 흥미로운 발견을 했다. 그들은 1982년에 발표한 논문에서 '특정한 조건'에서는 새로운 제품의 출시가 기존 제품의 선택 확률을 높인다는 사실을 증명했다.

그들이 말하는 특정한 조건이란, 기존 제품들에 비해 비대칭적으로 열등한 신규 대안asymmetrically dominated alternative이 시장에 등장하는 상황을 가리킨다. 이러한 신규 대안을 미끼 대안 또는 유인 대안이라고 부른다. '기존 제품들에 비해 비대칭적으로 열등한 대안'이란, 기존 대안 중 하나에는 절대적으로 열등하지만, 다른 대안에는 절대적으로 열등하지 않은 신규 대안을 의미한다.

A, B 두 종류의 제품이 있는 시장에 새로운 대안 C가 추가되는 상황을 생각해보자. C가 A에 비해서는 명확하게 열등하지만 B에 비해서는 그렇지 않다면, C는 '비대칭적으로 열등한 대안'이 된다. 이런 상황에서 기존 대안(A, B) 중 신규 대안(C)과 속성이나 이미지가 비슷한 제품(B)의 선택 확률은 떨어지지 않고 오히려 증가하는 현상이 발생하는데, 이를 유인효과라고 부른다. 유인효과는 소비자들이 새로운 제품과 비슷한 기존 제품을 더 선호하는 경향을 설명하는 이론으로, 시장의 경쟁 구조와 소비자의 선택 행동에 중요한 이해를 제공한다.

삼진어묵은 전통적인 비즈니스 관점에서 독점을 추구하기보다 시장 내에서의 경쟁을 활용하는 전략을 선택했다. 일반적으로 경쟁이 기업에 제공하는 이점은 크게 두 가지다. 첫 번째는 경쟁으로 소비자의 관심을 끌어 카테고리 자체를 확장할 수 있다는 점이다. 여러 업체가 서로 다양한 형태의 제품을 시장에 선보이면 이전보다 선택지가 늘어나고, 이는 전체 시장의 성장을 촉진한다. 넷플릭스와 디즈니플러스의 사례를 살펴보자.

넷플릭스는 1997년 DVD 대여 서비스로 시작하여 2007년 스트리밍 서비스를 출시했다. 이후 지속적으로 자체 콘텐츠를 개발하며 스트리밍 시장의 리더로 자리 잡았다. 반면 디즈니플러스는 2019년에 출시되어, 자사인 디즈니가 가진 강력한 IP^{Intellectual} ^{Property}(지식재산권)를 바탕으로 빠르게 시장에 진입했다. 디즈니의 확장은 스트리밍 서비스가 단순히 볼거리를 제공하는 차원을 넘어, 가족 단위의 엔터테인먼트 허브로 발전하는 계기를 마련했다.

이후 넷플릭스는 다양한 국가에서 오리지널 콘텐츠를 제작하여 글로벌 시장에서 로컬 콘텐츠를 강화했다. 넷플릭스 오리지널 콘텐츠로 소비자는 다양한 문화콘텐츠에 접근성이 좋아졌으며 스트리밍 서비스의 정의가 그만큼 넓어졌다. 그러자 디즈니플러스는 마블, 스타워즈, 픽사와 같은 자체 브랜드를 활용해 전 연령대와 가족 단위 소비자들까지 카테고리를 확장했다. 이러한 전략으로 스트리밍 시장은 특정 장르나 연령층을 넘어서서 포괄적인 서비스를 제공하는 데까지 확장되었다.

두 회사는 지속적으로 사용자 경험을 개선하며 경쟁력을 유지하고 있다. 예를 들어, 넷플릭스는 인공지능을 이용한 추천 시스템을 지속적으로 개선하며 개인화된 시청 경험을 제공하고 있고, 디즈니플러스는 ESPN플러스 및 훌루 같은 다른 스트리밍 서비스와 결합한 새로운 번들 구독 모델을 제공하며 소비자에게 가치를 더하고 있다.

삼진어묵 역시 어묵 베이커리라는 새로운 콘셉트를 시장에 도입하면서 희소성보다는 대중화를 선택했다고 볼 수 있다. 어묵 시장 자체의 범위를 넓혔고, 이는 전반적인 어묵 시장의 확장으로 이어졌다.

또 다른 이점은 경쟁 상황이 기업의 경쟁력을 돋보이게 하는 유인효과를 만들어낼 수 있다는 것이다. 경쟁 업체 간 비교는 각 제품의 장점이 더욱 두드러지도록 하며, 소비자들이 자사 제품을 선호하도록 만드는 유인을 제공한다. 삼진어묵은 이러한 경쟁의 이점을 잘 활용하여 시장에서 자신들의 위치를 강화했다. 어묵이 단순히 저렴한 식품이 아니라 고품질의 선물로도 적합할 수 있음을 보여주면서 시장에서 인식 변화를 이끌어냈다. 경쟁자의 등장으로 인한 시장 확장과 유인효과는 삼진어묵이 자연스럽게 돋보일 기회를 많이 만들었다.

참고로 유인효과는 경쟁 브랜드와의 관계에서도 나타나지만, 브랜드 내에서도 적절하게 활용할 수 있다. 예를 들어 삼성전자의 갤럭시 S23 시리즈에는 S23, S23플러스, S23울트라 세 모델이 있다. 만약 S23플러스의 판매량이 가장 높다면, S23플러스는 타협효과를 노린 타협대안이라고 볼 수 있다. 타협효과란 소비자가 극단적인 선택지보다 중간 정도의 옵션을 선호하는 경향으로 세 상품 중 가격과 품질이 높은 것과 낮은 것, 그리고 중간급 옵션이 있을 때, 중간 옵션을 선택하는 경향을 말한다(5장 참고).

반대로 S23플러스의 판매량이 가장 낮다면, S23플러스는 유인효과를 노린 미끼대안이라고 볼 수 있다. 실제로 갤럭시 S23울트라는 1163만 대, S23은 891만 대, S23플러스는 452만 대가 팔렸다. 이 데이터를 보면, S23플러스가 S23울트라의 미끼대안 역할을 한 것으로 보인다. 실제 기능 면에서 갤럭시 S23울트라는 100배 줌

기능을 탑재하고 있고, 갤럭시 S24울트라는 온디바이스 AI 기능을 최적화시키는 등 플러스 모델과 확실하게 차별화시키고 있다.

아이폰의 경우 버전별로 다양한 시리즈를 만들면서 다른 브랜드에 대한 소비자의 관심을 차단하고, 이후 모델 내 유인효과를 유도한다. 예를 들어 아이폰15의 경우 디스플레이 크기, 메모리, 프로세서, 카메라, 배터리 성능, 바디 소재, 가격을 달리하여 일반형, 플러스, 프로, 프로맥스 네 모델을 소비자에게 선보인다. 전 세계 판매량을 기준으로 2024년 1분기 점유율을 살펴보면 아이폰15 프로맥스(4.4퍼센트)가 가장 높고, 그다음으로 아이폰15(4.3퍼센트), 아이폰15 프로(3.7퍼센트)가 전 세계 1~3위를 차지하고 있다. 반면 아이폰15 플러스(1.3퍼센트)는 상대적으로 낮은 8위의 점유율을 보이고 있다. 세계 8위도 높은 점유율이기는 하지만, 아이폰15 플러스가 미끼대안이 되어 다른 모델의 매력도를 증가시켜 준 것으로도 생각해볼 수 있다.

어묵, 음식을 넘어
작품이 되다

2010년에 아이패드가 처음으로 공개되었을 때, 스티브 잡스는 이를 '차세대 개인 휴대용 IT 기기'로 소개했다. 아이패드는 넷북보다 얇고 가벼워서 이동에 편리하며, 화면이 커서 다양한 활동을 쉽게 할 수 있었다. 또한, 애플 앱스토어에서 14만 개가 넘는 애플리케이션을 이용할 수 있었다. 그러나 모든 사람이 아이패드를 긍정적으로 받아들이지는 않았다. 일부는 아이패드의 기능이 제한적이라고 느꼈다. 예를 들어, 아이패드는 멀티태스킹이 불가해 여러 작업을 동시에 처리할 수 없었고, USB 포트나 카메라가 없었다. 배터리를 교체할 수 없다는 문제도 있었다.

이런 불편함 때문에 일부 사람들은 아이패드를 '화면만 큰 아이폰'이라고 평가절하했다. 스티브 잡스는 아이패드를 기존의 태블릿 PC와는 다른 새로운 범주의 제품으로 설정하려 했지만, 일부 소비자들은 아이패드를 기존 아이폰을 크게 만든 제품으로 보았다. 그러나 우리가 알고 있듯 아이패드는 출시 후 3초마다 한 대씩 팔리며, 3개월 만에 200만 대 이상 판매되는 등 큰 성공을 거두었다. 아이폰의 장점(편리한 인터페이스, 다양한 어플)과 노트북의 장점(업무 수행 기능, 큰 화면)을 흡수하면서 스티브 잡스가 바란 것처럼 차세대 개인 휴대용 IT 기기로 인정받은 것이다.

애플과 삼진어묵은 산업은 다르지만 서브타이핑으로 자신만의 영역을 만들고 유인효과를 적절히 활용하고 있다는 점에서 공통점이 있다. 삼진어묵베이커리의 성공 이후 유사한 컨셉의 어묵 베이커리가 속속 등장해 삼진어묵의 시그니처 상품인 어묵고로케를 비롯한 여러 제품을 카피했다. 그러나 삼진어묵은 독점보다는 경쟁을 선택했다. 더 많은 사람이 500~1,000원 어묵이 아닌

2,500~3,000원의 요리 어묵을 맛볼 수 있도록 하면서 자연스럽게 어묵의 고급화를 유도했다. 또한 경쟁사의 지속적인 추격을 따돌리기 위해 다른 업체들이 시도하지 않은 차별화된 새로운 시도를 거듭하면서 경쟁에서 우위를 점하고자 노력했다. 이러한 접근은 삼진어묵이 지속적으로 시장 리더로서의 위치를 유지하고, 새로운 소비자를 끌어들이는 동시에 기존 소비자들의 충성도를 높이는 데 중요한 역할을 했다.

2016년 삼진어묵은 삼진이음이라는 비영리법인을 설립해 '사람·기술·지역'이라는 키워드로 도시재생, 창업, 일자리, 문화콘텐츠, 리브랜딩 영역에서 지역 상인과 크리에이터를 연결하는 지역사회 공헌활동을 시작했다. 일례로 '대통전수방'은 두부, 참기름, 양복, 제과에 오래 종사해온 노포(오래된 점포)가 노하우를 전수하는 프로젝트다. '대통전수방'은 '운수대통'에서 가져온 말로, 지역 내 역사와 문화, 기술을 크게 전승하겠다는 뜻을 담고 있다. 이 프로젝트는 전통 산업 기술을 청년 창업과 결합했다. 기술 전수와 창업 지원을 동시에 수행하면서 창의적 비즈니스 모델 구현을 도왔다. 또한 삼진이음은 'AREA 6'라는 프로젝트를 기획했다. AREA 6는 부산 영도구에 위치한 복합문화공간으로, 지역사회와의 상생을 도모하며 삼진어묵 본점을 중심으로 낡은 빈집을 사들여 만든 공간이다. 오후 6시가 되면 어두워지는 전통시장 골목을 환하게 밝히겠다는 목표로 '로컬을 밝히는 아티장(아티스트와 장인

서로 다른 두 브랜드의 협업으로 탄생한 행복한 어묵탕

의 합성어) 골목'이라는 콘셉트로 지어졌으며, 창의적인 아이디어를 가진 예비 창업자들에게 공간을 제공하고 있다.

나아가 NC소프트와 협업하여 '행복한 어묵탕'이라는 제품을 만들었다. '최강 콜라보레이션, 행복한 어묵탕'이라는 이름으로 진행된 이 프로모션은 삼진어묵과 NC소프트의 게임 '블레이드&소울'의 콜라보레이션으로 탄생했다. 이용자들은 전국의 펀플스토어 제휴 PC방에서 제품을 구매하면 따뜻한 어묵탕을 즐길 수 있을 뿐만 아니라, 블레이드&소울에서 사용할 수 있는 홍문령 획득의 행운이 담긴 '삼진어묵 행운상자' 쿠폰도 받았다. 나아가 아예 게임 속에 '어묵퀘스트'를 넣어 NC소프트 판교사옥이나 삼진어묵 체험관과 연계한 이벤트를 하기도 했다.

삼진어묵과 NC소프트의 콜라보레이션은 서로 다른 시장에서 활동하는 두 브랜드가 공동으로 노출되면서 더 넓은 소비자 베이스에 도달하는 효과를 낳았다. 게임 사용자들 사이에서는 삼진어묵의 인지도가, 어묵 소비자들 사이에서는 NC소프트 게임에 대한 관심이 증가하는 효과를 노린 것이다. 각각의 전문성을 결합하여 새로운 가치를 창출하고, 고객들에게 새로운 경험을 제공한 긍정적인 사례라 할 수 있다.

삼진어묵은 캠핑족들을 겨냥해 버너 위에 바로 얹어 끓여 먹을 수 있는 어묵탕을 만들어 캠핑 브랜드와 프로모션을 진행하기도 했다. '캠핑어묵탕'은 캠핑과 야외 활동을 즐기는 소비자들을 타깃으로 한 제품으로, 전통적인 어묵 제품을 선호하는 고객 외에도 캠핑을 즐기는 젊은 소비자나 가족 단위의 소비자들을 유치하면서 삼진어묵의 제품 포트폴리오를 다양화했다. 뿐만 아니라 삼진어묵이 편의성과 재미 그리고 맛의 가치를 전하는 수산가공품 플랫폼 기업으로 발전하는 데 큰 역할을 했다.

2부

브랜드 홍수에서
살아남는
새로운 가치 제안

4

제품이 아닌
관점을 팔아라

- 세바시와 프레이밍 효과

새로운 가치를 제안하는
'프레임'의 힘

　　흔히 긍정과 부정의 차이를 표현할 때, "물이 반이나 남았네"와 "물이 반밖에 안 남았네"라는 말을 자주 사용한다. 이 같은 표현의 차이는 단순한 심리적 차이를 넘어서 우리의 선택과 행동에 중대한 영향을 미친다. 이러한 관점에서 매우 흥미로운 연구 결과를 살펴볼 필요가 있다.

미국에 아시아에서 기원한 특별한 유행성 질병이 발생했다. 이 질병은 심각한 위협이 되어, 전문가들은 600명이 사망할 것으로 예상했다. 이 상황에 대응하여 두 가지 대책이 제시되었다.
프로그램 A를 선택하면 600명 중 200명이 생존한다. 프로그램 B를 선택하면 600명 모두가 생존할 확률이 3분의 1이고, 모두가 사망할 확률이 3분의 2다. 어느 프로그램을 선택할 것인지 물어보자 프로그램 A를 선택한 사람의 비율은 72퍼센트였고, 프로그램 B를 선택한 사람은 28퍼센트에 불과했다.

연구진은 이와 비슷한 또 다른 시나리오를 제시하여 다른 그룹의 사람들에게 질문했다. 프로그램 C를 선택하면 600명 중 400명이 사망한다. 프로그램 D를 선택하면 600명이 모두 생존할 확률이 3분의 1, 모두 사망할 확률이 3분의 2다. 어느 프로그램을 선택할 것인지 묻자 프로그램 D를 선택한 비율이 78퍼센트로, 프로그램 C를 선택한 비율 22퍼센트에 비해 월등히 높았다.

이 연구의 핵심은 프로그램 A와 D를 압도적으로 높게 선택했다는 점이 아니다. 프로그램 A와 C는 표현 방법만 다를 뿐 200명이 살고 400명이 죽는다는 것은 동일한데, 긍정(희망)적으로 표현했을 때는 72퍼센트가 선택하고 부정(절망)적으로 표현했을 때는 선택 비율이 22퍼센트로 급감했다는 점이다.

이 실험처럼 질문이나 문제가 제시되는 방법에 따라 사람들의 판단이나 선택이 달라지는 현상을 구성 효과, 틀 효과, 또는 프레이밍 효과framing effect라 한다. 일단 틀frame이 만들어지면 사람의 사고나 행동은 그 틀 안에서 움직인다. 틀을 깨지 않는 한 벗어나는 일이 거의 불가능하다. 창의적 사고를 방해하는 가장 큰 원인인 고정관념도 일종의 틀이다.

같은 제안도 다른 프레임으로 얘기했을 때 결과가 어떻게 달라지는지 잘 보여주는 사례가 있다. 깊은 신앙심을 지닌 독실한 두 수도사가 있었다. 이들에게는 하나의 약점이 있었으니, 바로 그들이 못 말리는 애연가라는 점이다. 그들의 일상은 묵상과 기도로 가득 차 있었지만, 담배를 향한 갈망 또한 무시할 수 없었다. 문제는 기도 중에는 담배를 피울 수 없다는 것이었다. 두 수도사는 의견을 모아 교황에게 조언을 구하기로 결정했다.

첫 번째 수도사가 바티칸을 방문해 교황 앞에 서서 조심스럽게 질문했다. "교황님, 기도하는 중에 담배를 피워도 되겠습니까?" 그러자 교황은 수도사의 질문에 놀라며, 기도의 거룩함을 해치는 행위라며 강하게 질책했다. 교황의 반응은 분명했다. "아니, 기도 중에 담배라니 지금 도대체 무슨 소리를 하시는 겁니까?" 실망한 첫 번째 수도사가 돌아가자, 두 번째 수도사는 다른 전략으로 교황을 접촉하기로 했다. 그는 동료의 경험을 바탕으로 더 지혜롭게 질문을 구성했다. "교황님, 담배를 피우는 중에 기도해도 되겠습니까?" 이 질문에 교황은 환하게 웃으며 대답했다. "훌륭한 생각이세요! 언제 어디서나 어떤 상황에서도 기도하는 자세! 정말 훌륭하십니다." 교황의 대답은 두 번째 수도사에게 큰 위안과 희망을 주었다.

'기도 중에 담배를 피우는 것'과 '담배를 피우는 중에 기도하는 것'은 표면적으로 비슷해 보이지만, 사실은 매우 다른 반응을 불러일으킨다. 말을 하는 방법, 즉 의도를 어떻게 표현하느냐에 따라 반응은 크게 달라진다. 같은 상황을 두고도 언어를 어떻게 사용하느냐에 따라 상대를 기쁘게 할 수도 화나게 할 수도 있고, 상대가 부담을 크게 느끼게 할 수도 작게 느끼게 할 수도 있다. 이것이 '프레이밍'의 강력한 힘이다. 프레이밍이 우리 사회를 어떻게 바꿀 수 있을지 살펴보자.

행동을 바꾸고 싶다면
새로운 틀로 재해석하라

소비자가 기존의 틀을 벗어나 새로운 틀을 발견하거나, 기업이 이를 제시할 때 그 효과는 상당하다. 새로운 틀은 소비자가 기존에 인식하지 못했던 가능성을 열어주고 선택을 재정의하게 만든다. 기존의 편견이나 고정관념을 깨뜨리며 다른 시각에서 문제를 바라볼 수 있게 한다. 예를 들어, 스타벅스는 단순한 커피 판매점이라는 기존의 틀을 벗어나 '제3의 공간'이라는 새로운 틀을 제시했다. 스타벅스는 집과 직장 사이의 편안한 휴식처라는 개념을 제시하며, 소비자들이 커피숍을 단순히 커피를 구매하는 장소로만 인식하지 않고 사회적 상호작용과 개인적 시간을 즐길 수 있는 장소로 재정의하도록 했다. 이 새로운 틀은 소비자에게 새로운 가치를 제공했으며, 스타벅스와 경쟁 시장의 중요한 차별화 요소가 되었다.

새로운 틀의 제시는 행동경제학적 관점에서 여러 인지적 편향과 관련이 깊다. 첫 번째는 확증편향confirmation bias이다. 확증편향은 사람이 자신의 기존 신념을 강화하는 정보만을 받아들이고, 반대 되는 정보는 무시하는 경향을 말한다. 그러나 새로운 틀은 확증편향을 깨뜨리므로 소비자가 새로운 정보를 수용하도록 한다. 예를 들어 전통적인 은행 서비스에 익숙한 소비자가 핀테크fintech 기업이 제시하는 혁신적인 금융 서비스 모델을 접했을 때, 기존의 신념을 재고할 수 있다.

둘째는 앵커링anchoring으로 초기 정보가 이후의 판단에 지속적으로 영향을 미치는 현상이다. 새로운 틀은 이전의 고정관념을 재구성하여, 소비자들이 새로운 기준을 바탕으로 선택을 내리게끔 유도한다. 예를 들어, 전통적으로 고가였던 전기자동차가 최근 가격 인하와 함께 환경 친화적이고 경제적인 선택이라는 새로운 틀로 제시되자 소비자들은 전기자동차를 더 이상 고가 제품이 아닌 미래 지향적 투자로 인식했다.

셋째, 현상유지편향status quo bias은 변화보다 현 상태를 유지하려는 경향을 의미한다. 새로운 틀은 소비자가 편향을 극복하고 새로운 선택을 하도록 자극한다. 예를 들어, 공유경제 모델이 등장하면서 많은 소비자가 기존의 소유 개념에서 벗어나, 차라리 렌탈이나 공유로 필요를 충족하는 새로운 방식을 수용했다. 이는 기존의 소유 중심적 사고방식을 깨는 새로운 틀이 성공적으로 제시되었기 때문이다. 그러므로 기업은 새로운 틀을 창출하고 제시함으로써 소비자들에게 혁신적인 선택을 유도할 수 있다.

이는 단순히 제품이나 서비스를 홍보하는 것이 아니라, 소비자가 세상을 보는 방식을 재정의하는 작업이다. 애플은 새로운 프레임을 성공적으로 제시한 대표적인 사례다. 애플은 아이팟을 단순한 MP3 플레이어가 아닌, "내 주머니 속 수천 곡의 음악"이라는 새로운 틀로 제시했다. 이 틀은 소비자들에게 음악을 소유하는 새로운 방식을 제시했으며 성공적으로 시장점유율을 확대했다. 또한, 테슬라는 전기자동차를 친환경 대안을 넘어선 고성능 스포츠카라는 새로운 틀로 재정의했다. 소비자들은 전기자동차를 환경을 고려한 희생이 아닌 성능과 스타일을 모두 갖춘 미래형 자동차로 인식했다. 이러한 새로운 틀의 제시는 테슬라가 전기자동차 시장에서 독보적인 위치를 확보하는 데 큰 역할을 했다.

행동경제학적 관점에서 새로운 틀은 소비자가 인지적 편향을 극복하고 더 나은 선택을 하게끔 유도하는 중요한 도구이다. 기업은 새로운 틀을 창출함으로써 소비자에게 혁신적인 가치를 제공하고, 시장에서 독창적인 경쟁 우위를 확보할 수 있다. 결국 새로운 틀의 제시는 소비자와 기업 모두에게 큰 기회를 제공하는 중요한 전략적 요소로, 현대 마케팅과 비즈니스에 요긴하게 사용된다.

세상을 바꾸는 시간?
15분이면 충분합니다

> 1년간 참여할 수 있는 의미 있는 기부 프로그램이 있다. 집단 A에는 "하루 85센트(1,000원)면 기부 프로그램에 참여할 수 있다"라고 이야기하고, 집단 B에는 "1년에 300달러(36만 5,000원)면 기부 프로그램에 참여할 수 있다"라고 이야기했다.

어떤 메시지가 기부금을 더 많이 모았을까? 1년을 365일이라고 가정했을 때 집단 A와 집단 B에 전달한 메시지는 동일하다. 단지 차이가 있다면 집단 A에는 하루 단위로 기부 금액을 분리해서 제시했고, 집단 B에는 연 단위로 통합해서 제시했다는 점뿐이다. 그러나 결과는 매우 달랐다. 집단 A는 기부 금액을 하루하루 나누어 생각하여 크게 부담을 느끼지 않았을 것이다. 실제로 집단 A에서는 60명 중 52퍼센트, 즉 31명이 기부에 동참하겠다는 의사를 밝혀 총 9,360달러의 기부금이 모였다. 반면, 1년 단위의 금액을 제시받은 집단 B는 상대적으로 기부 금액에 큰 부담을 느꼈을 것이다. 실제로 집단 B에서는 60명 중 30퍼센트만이 기부에 참여하겠다고 응답해 총 5,400달러의 기부금이 모였다.

집단 A처럼 메시지를 하루 단위로 나누어 제시하는 것을 일 단위 가격 분리 프레이밍 또는 PAD^{Pennies-A-Day} 전략이라 한다. PAD 전략은 소액 기부를 권장하는 매우 효과적인 방법이다. 인간은 외부에서 가격 정보를 제시받을 때, 자연스럽게 그 금액을 일상생활에서 경험하는 다른 비용과 비교한다. 이때, 제시된 금액이 상대적으로 작게 느껴지면 메시지에 긍정적으로 반응한다. 이를 동화효과^{assimilation effect}라고 한다. 예를 들어 '하루 85센트(1,000원)'라는 금액을 보면, 대부분이 일상에서 자주 마주치는 대중교통 요금이나 음료수 가격 등을 떠올리며, 이런 소액이라면 기부에 부담을 크게 느끼지 않는다. 반면에 '연 300달러(36만 5,000원)' 같은 큰 금액을 한꺼번에 제시받으면 훨씬 더 큰 지출 항목, 예를 들어 학원비나 여행비 등을 떠올린다. 이러한 지출은 일상생활에서 빈번하게 발생하지 않기 때문에 보다 큰 금액으로 인식된다. 따라서 대조효과^{contrast effect}가 발생해 메시지에 부정적인 반응이 나타난다. 기부금을 연 단위로 크게 제시하는 방식은 잠재 기부자에게 상당한 경제적 부담감을 주어 기부 참여율을 낮춘다.

보험 상품에서는 PAD 전략을 활용하여 소비자들의 구매를 유도하는 경우가 많다. 예를 들어, "하루 1,400원을 아끼면" 또는 "월 9,970원이면"이라고 광고하면서 소비자들이 부담 없이 보험에 가입하도록 설득한다. 이 광고는 가격 측면에서 소비자들에게 매력적으로 다가간다. 하루 1,400원이나 월 9,970원은 소비자들에게 큰 부담이 되지 않기 때문이다.

공익 광고에서도 PAD 전략을 활용하여 소비자의 참여를 유도할 수 있다. 2005년 한국방송광고공사 공익광고협의회가 만든 광고에서는 "신문 대신 던져주는 시간 6초, 어르신과 함께 횡단보도 건너는 시간 23초, 후배에게 커피 타 주는 시간 27초, 버스 벨 대신 눌러주는 시간 4초…… 세상을 아름답게 하는 시간, 하루 1분이면 충분합니다"라는 메시지를 전했다. 하루 1분이라는 매우 짧은 시간을 제시하며 작은 선행으로 큰 변화를 만들 수 있다는 점을 강조했다. 이처럼 PAD 방식을 활용하는 광고는 소비자들에게 크지 않은 금전적·시간적 투자도 큰 이득이나 사회적 변화를 가져올 수 있음을 효과적으로 전달한다.

세바시는 무엇이 달랐을까?

그런 점에서 '세상을 바꾸는 시간 15분'(이하 세바시)의 성과는 주목할 만하다. 세바시가 단기간에 유튜브에서 높은 조회수를 기록

한 배경에는 여러 요인이 복합적으로 작용했다. 예능이나 드라마와는 다르게 교육적이고 영감을 주는 내용에 집중했음에도 불구하고, 이 지식 콘텐츠는 2011년 5월부터 2018년 8월까지 약 9500만 회의 놀라운 조회수를 기록했다. 단순히 콘텐츠의 품질만이 아니라, 세바시가 채택한 방송 포맷과 플랫폼 전략이 견인한 성공이었다.

첫 번째로, 세바시는 기존 방송과 다른 새로운 포맷을 제시했다. 이 새로운 방송 포맷은 스마트폰 사용자에게 최적화되어 있었으며, 바쁜 현대인들이 출퇴근 시간이나 점심시간에 쉽게 접근할 수 있는 스낵 컬처snack culture에 잘 부합했다. 스낵 컬처는 짧은 시간 동안 소비할 수 있는 문화콘텐츠를 선호하는 소비 트렌드를 의미한다. 세바시는 이에 맞춰 15분 이내의 짧은 지식 콘텐츠를 제공함으로써 많은 시간과 노력을 들이지 않고도 문화를 즐기는 이상적인 선택지가 되었다.

두 번째로, 세바시는 다양한 플랫폼에서 콘텐츠를 제공하는 전략을 채택했다. 기존의 방송이 주로 자체 홈페이지에서만 영상을 제공했다면, 세바시는 유튜브, 다음 TV팟, 팟캐스트 등 사람들이 자주 사용하는 여러 플랫폼에 콘텐츠를 배포하면서 더 많은 시청자가 콘텐츠를 소비할 수 있도록 접근성을 향상시켰다.

마지막으로, 그들이 제시한 내용과 메시지도 성공에 크게 기여했다. '세상을 바꾸는 시간 15분'이라는 프로그램 타이틀은 자신의 삶을 개선하고 더 나은 상태로 나아가고자 하는 시청자의 욕구를 자극했다. 자신의 삶과 사회에 긍정적인 변화를 가져올 수 있다는 희망적인 메시지는 많은 사람이 세바시에 열정적으로 참여하는 원동력이 되었다.

행동경제학 측면에서 세바시는 동화효과와 대조효과를 절묘하게 활용했다. 먼저 동화효과 측면을 보자. 사람은 보통 자신과 가까운 상황이나 경험은 구체적으로 사고하는 반면, 멀리 있는 상황은 추상적으로 사고한다. 만약 청중이 강연자의 이야기를 마치 자신의 이야기처럼 느낀다면, 청중은 강연의 메시지를 더 구체적이고 개인적으로 받아들일 것이다. 따라서 세바시는 강연자들이 자신의 개인적 경험과 이야기를 바탕으로 강연을 진행하도록 유도한다. 청중은 강연자의 개인적 경험에 쉽게 동화되어 강연자의 감정과 생각에 깊이 공감한다. 강연자의 진솔한 이야기가 청중과의 감정적 거리를 좁혀 동화효과가 나타난다. 더불어 세바시는 청중이 쉽게 공감할 수 있는 보편적인 주제를 자주 다룬다. 예를 들어 실패와 극복, 가족의 중요성, 삶의 의미는 누구나 한 번쯤 겪어보았거나 고민해본 주제다. 따라서 청중은 자연스럽게 강연자의 이야기를 자신의 삶과 연결 지으며 강연 메시지는 청중에게 더 강하게 전달된다.

15분이라는 짧은 강연 시간은 강연자들이 핵심 메시지를 집중적으로 전달하도록 한다. 제한된 시간은 강연자가 불필요한 정보나 복잡한 이론을 배제하고 청중과의 감정적 연결을 강화하는 데 집중하게 만든다. 짧은 시간 안에 강력한 메시지를 전달하려면 강연자는 자신의 이야기를 더 간결하고 명확하게 전해야만 하며 이 과정에서 동화효과가 극대화된다.

마지막으로 세바시는 메시지를 더 생생하게 전달할 목적으로 시청각 자료나 스토리텔링을 활용한다. 시청각 자료는 청중이 강연자의 경험을 더 구체적으로 상상할 수 있게 하며, 스토리텔링은 강연 내용을 더 쉽게 이해하고 기억하게 만든다. 이러한 요소는 청중 개인의 삶과 강연 내용의 연결을 강화하며, 동화효과를 강화하는 데 중요한 역할을 한다.

대조효과는 강연자들의 이야기 속에서 잘 표현된다. 인생에서 가장 힘들었던 순간과 그 어려움을 극복하고 성공을 이룬 강연자의 이야기는 청중에게 큰 감정적 대조를 불러일으킨다. 또한 일상적인 경험과 비범한 성취의 대조는 청중에게 영감을 주고 동기를 부여한다. 예를 들어, 평범한 사람이 극복할 수 없을 것 같은 도전을 이겨낸 이야기는 청중이 자신도 할 수 있다는 용기를 얻고 도전적인 목표를 설정하게 만든다. 마지막으로 15분이라는 짧은 시간 안에 최대한 압축한 메시지는 청중이 강연에 더 집중하게 만들면서 강렬한 인상을 남긴다. 정리하자면 감정적 대조, 긍정과 부정의 대조, 일상과 비범함의 대조, 짧은 시간과 강렬한 메시지의 대조가 세바시 강연을 청중에게 각인시키는 데 중요한 역할을 했다.

동화효과와 대조효과를 절묘하게 활용해서 인기를 굳힌 세바시는 2017년 CBS에서 독립하여 스핀오프 기업으로 거듭났다. 이 행보는 단순한 강연 콘텐츠 제공자를 넘어, 지속적인 성장과 변화를 지향하는 독립된 배움 공동체로 자리매김하려는 세바시의 비전과 밀접히 연결되어 있다. 세바시는 '지금보다 더 나은 상태'를 향한 욕망을 공동체 구성원 모두의 성장으로 연결하고자 하며, 짧지만 의미 있는 15분 강연으로 인생에 중대한 변화를 가져올 인사이트를 제공하고자 한다.

광고에도 의미를 담을 것

아직 세바시의 핵심 비즈니스 모델은 광고에 기반을 두고 있다. 특히 정부 기관과의 다양한 사업 연계나, 기업의 브랜딩 프로젝트에 협찬 광고를 제작하는 방식으로 큰 매출을 창출한다. 다만 광고 협찬 의존율이 높아도 세바시는 기업이나 기관의 메시지를 단순히 전달하는 데 그치지 않았다. 철학이나 캠페인을 공유할 수 있는 적절한 강연자를 섭외하여 의미 있는 스토리를 제작함으로써 협찬 콘텐츠가 단순 광고로 느껴지지 않도록 노력했다. 예를 들어, 한국산업안전보건공단과의 협업에서는 '안전'이라는 중요한 가치에 초점을 맞춰 산업 현장에서의 사고 예방부터 행복과 건강에 이르기까지의 광범위한 주제로 강연을 개발했다. 이러한 강연은 산업 현장의 직원들이 안전 문화를 내재화하는 데 크게 기여하며 실질적인 효과를 보았다. LG유플러스와의 파트너십에서는 소외된 이웃이나 MZ세대 등 시대의 중요한 주제들을 다루면서, 사회적 관심사와 기업의 사회적 책임을 연계한 콘텐츠를 제작했다. 시의적절한 주제들은 사회적 공감대를 형성했고, 다양한 세대의 직원들 사이에 의미 있는 대화를 유도했다.

2021년 세바시는 창립 10주년을 기념하여 '세바시 대학'이라는 새로운 교육 프로그램을 시작했다. 이 대학은 '세상의 지식을 탐구하고, 나 자신을 성장시키는' 학습을 목표로 자유로운 학습 공간을 제공하는 유료 멤버십 프로그램이다. 세바시 대학은 누구나 참여할 수 있는 개방형 교육 기관으로 수강생들이 강연을 듣고, 전문가와 직접 소통하며, 서로 학습 내용을 토론할 기회를 제공한다. 수강생은 자신만의 학습 경로를 따라 각자의 속도로 학습할 수 있으며, 최종적으로는 세바시 대학의 수료증도 발급받는다.

세바시는 '세바시 랜드'라는 오픈 배움 커뮤니티 플랫폼도 운영하고 있다. 이 플랫폼에서는 누구나 선생님이 되어 자신만의 강연을 만들고, 학교를 설립하여 학습자를 모집할 수 있다. 참여자들이 직접 교육 콘텐츠를 생산하고 배포할 수 있도록 함으로써, 전통적인 교육 시스템의 한계를 넘어서는 새로운 학습 문화를 창출하고자 한 것이다. 세바시 랜드에서 참여자들은 자신의 지식과 경험을 나누고, 전 세계 다른 학습자들과 연결되며, 함께 세상을 변화시킬 동력을 얻는다. 세바시는 단순한 지식 전달을 넘어서서 개인의 자기계발과 사회적 변화를 도모하는 플랫폼으로 발전해가고 있다.

프레임을 깨부수는
혁신적 아이디어의 비밀

고정관념에서 벗어나기가 얼마나 힘든지 예를 들어보자. 정확하지는 않지만, 예전에 두루마리 화장지로 할 수 있는 일을 최대한 많이 적으라고 하면 초등학생은 한국과 미국 모두 160~180개, 중·고등학생은 한국 80~90개, 미국 110~120개 그리고 대학생은 한국 40~50개, 미국 70~80개 정도의 아이디어를 낸다는 글을 본 적이 있다. 아마 주입식 교육이 한국 학생들의 창의적 사고를 저해한다는 점을 보여주기 위한 연구였던 것 같다.

이 글을 보고 나도 대학생들을 대상으로 비슷한 창의력 워크숍을 진행했다. 혼자보다는 그룹에서 더 많은 아이디어가 나올 것 같아 세네 명씩 팀을 이루도록 했고, 가장 많은 아이디어를 낸 팀에는 특별 점수를 부여하는 등 경쟁 요소도 추가했다. 30분 후, 각

팀이 제시한 아이디어의 수를 확인했다. 결과는 앞선 연구와 크게 다르지 않았다. 아이디어를 가장 적게 낸 팀이 50개, 가장 많이 낸 팀이 80개 정도였다. 다만 이 워크숍에서 흥미로운 사건이 하나 발생했다. 내가 두루마리 화장지로 할 수 있는 다양한 활용 방법을 예로 들면서 무심코 '역기 만들기'나 '탑 쌓기'와 같은 아이디어를 언급했는데 학생들이 혼란스러워하며, "교수님, 두루마리 화장지 한 개로 할 수 있는 일을 생각해야 하는 것 아닌가요?"라고 물었던 것이다. 두루마리 화장지로 할 수 있는 일을 최대한 많이 적으라는 말을 학생들은 '한 개의 두루마리'로 할 수 있는 일로 받아들인 것이다. 수십 명의 학생들이 스스로 만든 고정관념의 틀에서 벗어나지 못해서 나타난 해프닝이긴 하지만 프레이밍 효과가 얼마나 강력한지 생생하게 느낄 수 있었다.

소비자의 관점에서 바라볼 것

아이디오IDEO는 미국의 선도적인 디자인 컨설팅 기업이다. 이 기업은 제품 디자인, 산업 디자인, 사용자경험UX/사용자인터페이스UI 디자인 등 다양한 분야에서 활발히 활동하며 애플, 마이크로소프트, 나이키, 삼성전자와 같은 세계적인 기업들과의 협업에서 혁신적인 제품과 서비스를 선보였다. 아이디오는 특히 디자인적 사고design thinking 개념을 강조하며, 디자인적 사고를 활용한 문제 해

결과 새로운 아이디어 창출을 목표로 한다. 이 방법론은 디자이너가 문제에 접근하는 방식을 모방하여, 어떠한 문제 상황에서도 혁신적이고 실용적인 해결책을 도출하고자 한다.

아이디오는 디자인적 사고를 기업 문화의 핵심으로 삼는다. 다양한 분야의 전문가들과 협력하여 아이디어를 교환하고 실험적인 프로토타이핑과 브레인스토밍을 반복하며 창의적인 결과물을 만들어낸다. 이 과정에서 팀원들은 각자의 전문성을 최대한 활용하고 서로의 지식과 경험을 공유한다. 아이디오의 디자인적 사고 방법론은 비단 디자인 분야에만 국한되지 않는다. 비즈니스·교육·의료·공공서비스 등 다양한 분야에 적용되며 전통적인 사고의 틀을 깨고 사용자 중심의 혁신을 추구한다.

디자인씽킹은 인간 중심적인 문제 접근 방식이다. 사용자 관점에서 문제를 해결하기 위해 디자이너의 감수성과 창의적인 작업 프로세스를 이용한다. 사용자 관점에서 그들의 니즈와 욕구를 파악하고, 그들의 감정에 공감하는 데 초점을 둔다. 다양한 아이디어를 창출하고 결합하여 새로운 해결책을 모색한 후 프로토타입을 만들어 빠르게 테스트하고 개선한다.

디자인씽킹 프로세스는 영감inspiration, 아이디어 도출ideation, 실행implementation 세 단계로 정리해볼 수 있다. 세 단계를 좀 더 세부적으로 나누면 다음과 같다.

1. 공감 empathize

- 사용자를 관찰하고 인터뷰하여 그들의 필요와 욕구를 이해한다.

- 사용자의 감정, 생각, 행동을 이해하는 데 집중한다.

- 공감지도, 사용자여정지도와 같은 도구를 사용한다.

2. 문제 정의 define

- 해결해야 할 문제를 명확하게 정의한다.

- 사용자의 니즈와 인사이트를 바탕으로 문제를 정의한다.

- 문제 정의문을 사용하여 문제를 명확하게 표현한다.

3. 아이디어 발상 ideate

- 다양한 아이디어를 생각해낸다.

- 브레인스토밍, 마인드맵핑, 스케치 등의 도구를 사용한다.

- 양보다 질에 집중한다.

4. 프로토타입 제작 prototype

- 아이디어를 실제로 만들어본다.

- 저렴하고 간단한 프로토타입을 제작한다.

- 사용자에게 테스트한다.

5. 테스트^{test}

- 사용자에게 프로토타입을 테스트하고 피드백을 얻는다.

- 피드백을 바탕으로 솔루션을 개선해나간다.

- 테스트를 반복하여 최고의 솔루션을 찾는다.

특히 아이디어를 도출하는 브레인스토밍 단계에서는 60~90분을 넘기지 않는다는 규칙만 두고 시간 동안 가능한 한 많은 아이디어를 낸다. 이때 누가 무슨 이야기를 하든 비난하지 않는다. 브레인스토밍의 핵심은 상대의 아이디어를 비판하거나 비난하지 않는 것이다. 설령 상대의 아이디어가 허무맹랑할지라도 평가하지 않는 것이 중요하다. 그래야 다양한 아이디어가 나올 수 있다. 아이디어가 다 모이면 문자 혹은 그림으로 포스트잇에 적어 벽에 붙인 후 마음에 드는 아이디어에 투표하거나 유사한 의미의 아이디어를 그루핑^{grouping}(또는 집단화)한다. 아이디어가 정리되면 일단 실물 크기로 시제품을 만들어본다. 이것을 프로토타이핑이라고 한다. 이런 과정을 거치다 보면 자연스럽게 '프레임'을 깨트리는 연습이 가능해진다.

다음 사진은 1999년 ABC의 심야 뉴스쇼 나이트라인^{Nightline}에서 아이디오가 혁신 프로세스를 보여주기 위해 기동성, 쇼핑 행동, 어린이 안전 및 유지 관리 비용과 같은 문제를 고려하여 만든 쇼핑카트다. 이 쇼핑카트는 도난을 방지할 수 있도록 측면과 바닥 없이

아이디오에서 브레인스토밍을 하는 방식

아이디오가 디자인한 혁신적인 쇼핑카트

중첩 가능한 강철 프레임을 사용했고, 탈착식 플라스틱 바구니를 활용해 쇼핑 유연성과 상품 보호는 물론이고 브랜드 인지도를 높였다. 카트의 뒷바퀴는 똑바로 고정되어 있어 안정성과 친숙함을 제공한다. 특이한 점은 바퀴가 앞뒤뿐만 아니라 양옆으로도 움직인다는 것이다. 카트를 앞으로 밀면 바퀴는 다시 똑바로 펴진다.

아이디오는 이 쇼를 녹화한 지 4일 만에 브레인스토밍, 연구, 프로토타입 제작 및 사용자 피드백을 수집하여 아이디어를 제안했고 이를 실제로 구현함으로써 디자인씽킹의 가능성을 보여주었다.

5

레드오션 시장에서도
누군가는 새로워 보인다

- 마이리얼트립과 타협효과

제품 선택 비율을
높이는 방법

 하나를 선택하면 다른 하나를 포기해야 하는 상충trade-off 상황
에서 중간 수준의 세 번째 대안이 추가되면 중간 대안을 선택할
확률이 증가하는 현상이 발생하는데 이를 타협효과compromise effect
라 한다. 타협효과는 소비자 심리학에서 매우 흥미로운 현상이다.
이러한 선택 패턴은 특히 고가·고품질 제품과 저가·저품질 제품
사이에서 타협 대안인 중간 가격과 품질의 제품이 추가될 때 두드
러진다.

 사이먼슨Simonson(1989)이 세 종류의 카메라로 실험한 연구에서
도 같은 결과가 나왔다. 카메라 A는 품질은 나쁘지만 가격이 저렴
하고(169달러), 카메라 C는 품질이 우수하지만 비싸다(469달러). 먼
저 106명의 실험 참가자에게 카메라 A와 C 가운데 어떤 것을 선

택할지를 질문하자 카메라 A와 C의 선택 비율이 각각 50퍼센트였다. 다음 실험에서는 품질과 가격이 중간 수준(239달러)인 카메라 B를 추가한 다음 세 개의 카메라 가운데 하나를 선택하도록 했다. 그 결과 카메라 A, B, C를 선택한 비율이 각각 22퍼센트, 57퍼센트, 21퍼센트였다. 즉, 많은 피험자가 A와 C 같은 양극단의 카메라보다는 타협 대안인 카메라 B를 선택한 것이다.

극단을 회피하는 성향

타협 대안에 대한 선호와 선택 확률 증가에는 몇 가지 심리적 원인이 주요하게 작용한다. 첫 번째는 극단성 회피extreme aversion다. 극단적인 선택을 피하려는 인간의 성향 때문에 소비자는 너무 비싸거나 품질이 낮은 제품을 피하고, 대신 더 안정적이고 합리적인 중간 옵션을 선택한다. 두 번째 원인은 이유에 근거한 선택reason-based choice이다. 사이먼슨에 따르면, 소비자는 자신의 선택을 정당화할 명확한 이유가 필요하다. 특히 제품 사이에 차이가 명확하지 않을 때 가장 타당한 이유를 제공하는 중간 옵션을 선택하는데 이는 선택 과정에서 불확실성을 줄이고, 자신의 결정에 더 만족감을 느끼기 위해서다. 셋째 원인은 손실회피성향loss aversion이다. 소비자는 여러 제품을 비교하는 상황에서 각 옵션을 구매했을 때의 이득과 손실을 고려하며, 이 과정에서 손실을 최소화하려는 경향이 강하다. 극단적인 옵션을 선택할 경우, 큰 손실 또는 큰 이득을 겪을 수 있지만, 타협 옵션을 선택하면 극단적인 결과를 피할 수 있다. 이는 인간이 같은 크기라도 이득보다 손실을 훨씬 크게 느껴서 손실에 강한 거부감을 갖기 때문이다.

실제로 많은 기업이 제품 라인업을 구성할 때 타협효과를 적절히 활용한다. 예를 들어 카카오택시는 일반택시, 블랙택시(고급형), 그리고 중간 가격대의 블루택시(스탠다드) 호출 서비스를 제공한다. 소비자들은 블랙택시가 너무 고가라고 생각할 수 있으며, 일반택시는 상대적으로 품질이나 편의성 면에서 부족하다고 느낄 수 있다. 이때 합리적인 가격에 고급 서비스를 제공하는 블루택시는 소비자들이 중간 옵션을 선택하도록 유도한다. 넷플릭스는 베이직, 스탠다드, 프리미엄 세 가지 구독 플랜을 제공하며, 각 플랜은 가격과 기능에서 차별화를 둔다. 베이직 플랜은 가장 저렴하지만 화질이 낮고 동시 시청이 한 대만 가능하다는 제한이 있다. 반면 프리미엄 플랜은 고가이지만 4K 해상도와 최대 네 대의 기기에서 동시 시청이 가능하다. 하지만 모든 사용자가 고급 기능을 필요로 하지는 않는다. 이때 합리적인 가격에 HD 화질과 두 대의 디바이스에서 동시 시청 가능한 스탠다드 플랜은 소비자에게 좋은 옵션이 되어준다.

타협효과는 제품 라인업뿐만 아니라 비즈니스 모델에서도 효과를 발휘한다. 예를 들어 달러쉐이브클럽Dollar Shave Club이 등장하기 전 미국 면도용품 시장은 고가의 면도날 브랜드가 지배했는데, 이 제품들은 품질이 뛰어났지만 높은 가격 때문에 소비자에게 경제적 부담이 컸다. 반면 저가의 면도용품은 가격이 저렴한 만큼 품질이 떨어지는 경우가 많았다. 달러쉐이브클럽은 이 두 극단적 옵션 사이에서 타협점을 찾아서 합리적인 가격에 높은 품질의 면도용품을 제공하는 구독 모델을 제시했다. 나아가 다양한 가격대의 구독 플랜을 제공하여 가격 전략에도 타협효과를 적절히 활용했다. 즉 회사는 보급형·스탠다드형·프리미엄형 플랜을 제시하면서 스탠다드형 플랜이 가장 많이 선택되도록 설계했다. 소비자들은 저가형 플랜이 제공하는 면도날 수나 품질이 부족하다고 느낄수 있었고, 프리미엄 플랜은 비싸다고 느낄 수 있었다. 이때 스탠다드형 플랜은 품질과 가격의 균형이 잘 맞는 옵션으로, 소비자들에게 합리적인 선택으로 인식되었다. 이처럼 타협효과는 제품 가격 결정뿐만 아니라 비즈니스 모델 수립에서도 활용될 만한 강력한 힘이 있다.

자유여행과 패키지여행, 꼭 하나만 선택해야 하나요?

여행의 어원은 'Travail'로, 고대 프랑스어로 '고생하다', '노동하다'라는 의미다. 이는 과거 여행이 단순한 즐거움이나 휴식의 시간이 아닌, 종종 힘든 경험과 노력을 요구하는 활동이었음을 시사한다. 집 나가면 개고생이라는 말이 있지만 그래도 해외여행을 떠나려는 사람은 지속적으로 증가하고 있다. 과거에는 해외여행을 떠날 때 여행자들이 선택할 수 있는 대안이 크게 두 가지였다. 첫 번째는 여행사가 제공하는 패키지여행으로, 항공·숙박·액티비티 같은 옵션이 포함된 상품을 구매하는 방법이다. 이 방식은 편리하지만, 여행사에서 지역 대리점, 현지 여행사까지 여러 유통 단계를 거치면서 문제가 발생한다. 유통업자들이 마진을 높일 목적으로 다양한 부가상품을 추가하면서 관광보다 쇼핑몰이나 매장 방문에 중점을 두기 때문이다. 특히 가이드와 함께하는 개별 상품 매장 방문은 구매 압박을 주어 자주 여행자들을 불편하게 했다.

두 번째 옵션은 자유여행으로, 여행자가 항공권과 숙박을 예약하고 현지에서의 액티비티와 이동수단까지 모두 직접 계획하는 방식이다. 이 방법은 여행자에게 완전한 자유를 제공하지만, 일이 많고 어려워서 특히 처음 해외여행을 떠나는 사람에게는 큰 부담이 될 수 있다. 현지에서의 언어 장벽이나 문화 차이는 여행을 더욱 복잡하게 만든다. 이에 따라 전통적인 패키지여행과 자유여행 사이에서 타협점을 찾는 일이 중요해졌다.

일부 혁신적인 여행사는 유연하고 개인화된 여행 경험을 제공하는 새로운 형태의 여행 상품을 개발하면서 여행자들의 니즈를 충족하려 했다. 여행자가 자신의 취향과 일정에 맞추어 선택할 수 있도록 옵션을 제공하면서도 필요한 경우 전문적인 지원을 받을 기회를 마련함으로써, 여행의 질을 높이는 동시에 스트레스를 줄일 방법을 모색한 것이다.

개인화된 여행 경험을 제공하다

여러 여행사가 새로운 도전에 뛰어든 가운데 마이리얼트립은 국내 여행 산업에 새로운 바람을 일으켰다. 이 회사는 전통적인 패키지여행의 한계를 넘어, 가이드투어 상품을 도입하여 여행자들에게 더 깊이 있는 현지 경험을 제공했다. 이 시기에 해외여행객과 자유여행객의 증가에도 불구하고, 대다수의 여행사는 여전히 표준화된 패키지를 주로 제공하며 여행자들의 구체적인 요구나 불만에 충분히 응답하지 못했다. 마이리얼트립은 시장의 공백을 인식하고 여행자 중심의 서비스를 강화하여 시장에 새로운 선택지를 제공했다. 마이리얼트립의 변화는 여행 산업에 새로운 표준을 제시했고, 여행자들이 자신만의 독특하고 개인화된 여행 경험을 추구할 수 있도록 해주었다.

마이리얼트립은 패키지여행의 편리함과 자유여행의 자율성을 적절히 조화시킨 타협 대안으로 시장에 진입했다. 그러나 상품을 만드는 일이 쉽지는 않았기에 이를 실현시킬 구체적인 계획이 필요했다. 첫째, 여행자가 자신의 관심사와 우선순위에 따라 일정을 조정할 수 있도록 고객 맞춤형 일정 설계 기능을 개발해야 한다. 둘째, 현지 지원 서비스를 강화하여 자유여행 중 발생할 수 있는 문제들에 신속하게 대응하는 시스템을 구축해야 한다. 이는 현지에서의 언어 장벽이나 긴급 상황 발생에 큰 도움이 될 것이었다. 셋째, 효율적인 예약 시스템을 마련하여 항공권이나 숙소, 액티비티 예약을 손쉽게 할 수 있도록 지원해야 한다. 이 시스템은 다양한 옵션을 한눈에 비교하고 선택할 수 있도록 사용자 친화적인 인터페이스를 갖추어야 한다. 넷째, 경험을 공유할 수 있는 커뮤니티 플랫폼의 개발도 필요하다. 여행 후기, 팁, 추천 장소 등을 공유할 공간을 제공함으로써, 여행자들이 서로의 경험을 바탕으로 더 나은 여행을 계획할 수 있도록 돕는 것이다.

패키지 상품	마이리얼트립	자유 여행
- 정해진 스케줄 - 원하지 않는 경험(쇼핑 등) - 편리한 과정 - 비싼 가격	- 편리한 과정 - 원하는 경험만 선택 - 여행의 깊이 - 중간 정도의 가격	- 활동 계획 수립의 어려움 - 원하는 경험만 선택 - 복잡한 과정 - 저렴한 가격

타협 대안으로서 마이리얼트립

최초의 가이드투어 전문 플랫폼

2012년 7월, 마이리얼트립은 국내 최초로 '가이드투어 전문 플랫폼'을 선보이며 여행 서비스 시장에 진입했다. 저가 항공사의 출현과 관광 수요 증가로 해외여행이 급증하던 때였고, 다양한 목적지를 탐험하고자 하는 여행자의 수요가 커지고 있었다. 초보 여행자는 유명 관광지를 찾았지만, 재방문자는 보다 깊이 있는 여행을 원했다. 이러한 흐름에서 패키지여행과 자유여행의 장점을 조합한 가이드투어 서비스를 제공하려면 무엇보다 뛰어난 현지 가이드 확보가 필수였다. 회사는 가이드 선발 과정에 매우 엄격한 기준을 적용했다. 지원자들은 자신이 계획한 투어 계획서를 제출하고 필요한 자격증과 서류를 검증받아야 했다. 또한 화상 인터뷰로 꼼꼼한 평가 과정을 거쳐 지원자 중 20~30퍼센트만을 최종 선발했다. 선발된 가이드들은 철저한 교육과 관리를 받았다. 가이드 전용 블로그를 통한 교육 프로그램이 강화되었고, 가이드가 지각할 경우 자동으로 결제가 취소되는 등 엄격한 규정이 마련되었다. 가이드와 고객 사이의 분쟁을 해결할 중재센터도 개설되었다. 이 모든 조치는 가이드투어 서비스의 품질을 지속적으로 유지하고 관리하기 위한 것이었다.

마이리얼트립은 고품질 가이드 서비스를 오픈마켓처럼 운영하기도 하고 가이드가 직접 만든 투어 상품을 판매할 플랫폼을 구축하기도 했다. 예를 들어, 스페인 바르셀로나에서는 가우디의 작품을 주제로 인문학 투어가 개설되었다. 이 투어는 가우디의 작품을 그가 만든 순서대로 방문하며, '1부 우정, 2부 사랑, 3부 삶, 4부 죽음'의 테마로 각 작품에 숨겨진 의미를 살핀다. 인간 가우디를 더 깊이 이해할 수 있도록 구성된 이 투어는 6만 6,500원에 판매되었다.

마이리얼트립은 고객의 평점과 후기를 중요하게 다루는 방식으로 가이드의 서비스 품질을 지속적으로 향상시켰다. 표적집단면접법Focus Group Interview; FGI에서 고객들에게 받은 구체적이고 상세한 평가를 바탕으로 상품의 질을 지속적으로 개선했다. 체계적인 피드백과 개선 과정은 가이드들이 자발적으로 더 나은 투어 상품을 개발하고 더 풍부한 콘텐츠를 제공할 동기를 마련했다.

마이리얼트립의 현지인 가이드투어는 여행자에게 독특하고 개성 있는 경험을 제공하는 데 초점을 맞춘다. 대형 여행사들이 주로 항공권과 숙박 패키지의 가격 경쟁력을 강조하는 반면, 마이리얼트립은 '특이한 경험'을 제공하는 것으로 차별화를 꾀했다. 이 회사는 현지 문화와 진정한 경험을 갈망하는 여행객에게 현지인의 시각으로 독창적인 여행 경험을 제공한다. 표준화된 여행 상품에서 벗어나 개별 여행자의 취향과 관심에 맞춘 깊이 있는 탐험을 가능하게 한 것이다.

가이드투어 상품의 가격은 일반적으로 10만 원에서 30만 원 사이이며, 마이리얼트립은 판매 가격의 20퍼센트를 중개 수수료로 책정한다. 이 마진율은 기존의 패키지투어, 항공권, 호텔 숙박, 티켓 및 패스의 마진율과 비교했을 때 상대적으로 높은 편이지만, 전체 거래 규모를 따지면 여전히 작은 편이라는 한계가 있다. 그럼에도 마이리얼트립은 국내 최초의 가이드투어 전문 플랫폼이라는 정체성을 강력하게 내세우며 시장에서의 대표성을 확보했다.

여러 전략을 꾀하면서 마이리얼트립은 단순히 여행 서비스를 제공하는 것을 넘어서, 여행 산업 내에서 혁신적인 위치를 차지할 수 있었다. 회사는 지속적으로 가이드 품질을 관리하고 소비자와 직접 소통하면서, 여행자들에게 더욱 풍부하고 만족스러운 경험을 제공하고자 노력했다. 이 모든 요소를 조화시켜 회사는 여행 시장에서 독창적인 경험을 제공하는 성공적인 모델을 구축했다.

타협은 "Or"이 아니라 "Both"다

일상생활에서 타협을 한다고 하면 뭔가 포기한다는 느낌을 받는다. 그러나 타협효과는 다른 대안이 가진 장점을 흡수해서 오히려 더 큰 효과를 만들어낸다는 의미다. 김위찬W. Chan Kim과 르네 마보안Renée Mauborgne(2005)은 기존 시장의 틀을 넘어 새로운 시장을 창출함으로써 경쟁을 무의미하게 만드는 '블루오션 전략blue ocean strategy'을 제안했다. 블루오션 전략의 핵심은 가치혁신value innovation이다. 가치혁신은 비용을 줄이는 동시에 소비자에게 새로운 가치를 제공하는 것과 같이 둘 중 하나를 포기or하는 것이 아니라 둘 모두를 만족시키는 타협both이 핵심이다. 타협은 기존 경쟁에서 벗어나 전혀 다른 차원의 가치를 창출하면서 새로운 수요를 발견한다. 즉 경쟁자가 없는 새로운 시장을 개척한다. 'ERRC 전략

캔버스strategy canvas'는 블루오션 전략의 실행 도구로 제시된 개념으로, 기업이 어떤 요소를 제거eliminate, 축소reduce, 강화raise, 창출create할지 결정하는 것을 뜻한다.

태양의 서커스와 스와치가
시장의 변화에 대응한 전략

타협효과로 성공한 대표적인 사례로는 먼저 태양의 서커스라 불리는 시르크 뒤 솔레유Cirque du Soleil(이하 태양의 서커스)가 있다. 1980년대 초반, 전통적인 서커스 산업은 쇠퇴기에 접어들고 있었다. 기존의 서커스는 동물 쇼, 곡예, 광대 등을 중심으로 엔터테인먼트를 제공했지만, 이러한 요소들은 더 이상 현대 관객들에게 큰 매력을 끌지 못했다. 특히 동물 학대 문제와 윤리적 이슈가 대두되면서 동물 쇼에 반감이 커졌고, 서커스는 점점 더 대중의 관심에서 멀어졌다.

시장 변화에 맞춰 태양의 서커스는 서커스의 전통적 요소와 현대적 공연 예술을 결합하면서 기존 서커스와는 전혀 다른 접근 방식을 취했다. 우선 서커스의 전통적 요소인 곡예, 춤, 화려한 의상, 놀라운 신체 능력은 유지함으로써 사람들에게 경외감을 주고 서커스의 본질적인 매력을 잃지 않도록 했다. 대신 기존 서커스의 핵심이었던 동물 쇼를 배제하고, 인간의 능력에 초점을 맞춘 공연을 기획했다. 또한 전통적인 서커스에서는 볼 수 없는 예술적 스토리텔링과 극적 연출을 도입했다. 독특한 주제와 스토리를 기반으로 하는 공연은 마치 연극이나 오페라처럼 예술적이고 감성적인 경험을 제공했다. 이들의 서커스는 곧 단순한 엔터테인먼트가 아닌 예술적 가치가 높은 공연으로 자리매김했다.

태양의 서커스는 가격 측면에서도 차별적인 전략을 채택했다. 전통적인 서커스가 대중을 대상으로 한 저가의 오락이었다면 태양의 서커스는 프리미엄 가격 정책을 채택했다. 공연의 예술성과 품질을 높이면서 관객들이 더 높은 가격을 기꺼이 지불하도록 함으로써, 기존의 저가 서커스와 차별화된 새로운 시장을 개척했다. 나아가 전통적인 서커스와 달리 어린이뿐만 아니라 성인 관객들도 함께 즐길 수 있도록 더 깊이 있는 스토리와 감성을 전달했다. 이처럼 태양의 서커스는 전통적인 서커스의 요소를 유지하면서도, 현대적 예술성과 스토리텔링을 결합하여 완전히 새로운 시장을 창출했고 관객들에게 새로운 경험을 제공하는 데 성공했다.

또 다른 사례로 스위스 시계 제조사인 스와치 그룹Swatch Group이 출시한 브랜드 스와치Swatch가 있다. 1970년대와 1980년대 초반, 스위스 시계 산업은 일본의 저가 디지털시계, 특히 세이코Seiko와 같은 브랜드의 공격적인 시장점유율 증가로 큰 위기를 맞았다. 일본 시계는 가격이 저렴하면서도 기능적으로 뛰어났기에, 전통적인 기계식 시계를 주로 생산하던 스위스 시계업계는 심각한 타격을 입을 수밖에 없었다. 이에 스와치는 두 가지 상반된 가치, 즉 고품질과 저비용을 동시에 제공하는 전략을 세워 시장에서 독보적인 위치를 확보했다.

먼저 스와치는 "Made in Switzerland"라는 품질 보증과 전통적인 스위스 시계의 이미지는 유지했다. 고급스럽고 정밀한 기계식 시계라는 전통적인 가치를 고수하는 소비자를 겨냥한 전략이었다. 단순히 기능적인 면뿐만 아니라, 정교한 기계식 기술을 활용한 스위스 시계의 명성을 이어가기 위함이었다. 동시에 스와치는 저비용 생산 방식을 채택했다. 플라스틱을 주재료로 사용한 혁신적인 디자인과 대량 생산 시스템을 도입하여 가격을 크게 낮췄고, 일본 디지털시계와 경쟁할 만한 가격 경쟁력을 확보했다.

스와치는 시계를 단순한 시간 측정 도구가 아닌 패션 아이템으로 재정의하는 전략도 활용했다. 다양한 컬러와 디자인, 예술적인 요소를 결합한 시계들을 선보이며 시계를 하나의 액세서리로 변모시켰고 소비자가 다양한 스타일과 기분에 맞게 시계를 여러 개 소유하도록 유도했다. 나아가 한정판이나 독특한 디자인의 시계를 출시하여 수집가와 패션 애호가들에게 관심을 끌었다. 이는 전통적인 고가 시계의 희소성과 가치를 어느 정도 유지하면서 저가 제품의 대중성을 결합한 전략이었다. 이처럼 스와치는 고품질의 전통적 가치와 저비용의 대중적 접근을 결합함으로써 경쟁이 치열한 시계 시장에 새로운 수요를 창출했고, 소비자들에게 새로운 가치를 제공함으로써 글로벌 시계 시장에서 다시금 강자로 자리 잡았다.

다만 타협효과를 활용해 비즈니스 모델을 설계할 때는 '명확한 경쟁 전략 없이 중간에 끼어 있는 상태stuck in the middle'가 되지 않도록 주의해야 한다. 비용우위cost leadership, 차별화differentiation, 집중화focus 세 전략 중 어느 하나도 명확히 실행하지 못하고 중간에 끼어 있는 상태가 되면 기업은 큰 곤란을 겪는다. 우선 비용우위를 확보하지 못해 가격 경쟁에서 밀리고, 차별화가 부족해 소비자들에게 뚜렷한 가치를 제공하지 못한다. 가격은 낮지 않은데 품질이나 서비스도 차별화되지 않으면 고객들에게 선택의 이유를 제공하지 못한다. 명확한 경쟁 전략 없이 중간에 머물러 있으면 저가 제품과 경쟁하자니 비용이 세고, 고급 제품과 경쟁하자니 품질이나 브랜드 가치가 부족한 상태가 되므로 당연히 수익성이 악화한다. 결국 이런 기업은 경쟁력과 시장점유율을 잃을 위험이 크다. 그러므로 타협효과를 활용해 비즈니스 모델을 설계할 때는 앞서 말한 대로 ERRC(제거 - 축소 - 강화 - 창조) 측면에서 경쟁력을 확보하는 일이 매우 중요하다.

코로나 팬데믹,
새로운 여행 패러다임을 제시하다

마이리얼트립 비전

2020년 초 마이리얼트립은 코로나 팬데믹이라는 전례 없는 위기에 직면했다. 1월에 520억 원이었던 거래액이 4월에는 10억 원으로 급감해 거의 99퍼센트의 하락률을 기록했다. 코로나 팬데믹으로 해외여행이 불가능해지자 마이리얼트립은 안전하면서도 차별화된 경험을 원하는 소비자들을 제주도로 끌어들였다. 제주도가 해외여행의 대체지로서 적합할 것이라는 판단이었다. 실제로 자연경관과 다양한 액티비티를 갖춘 이 지역은 국내외 여행자들에게 이상적인 중간 선택지로 작용했다.

조금 더 자세히 살펴보자면 마이리얼트립은 팬데믹 이전에는 가이드투어와 슈퍼앱super app 서비스를 활용해 여행 플랫폼으로 성공적으로 자리 잡았지만, 코로나 19로 해외여행 수요가 급감하자 국내 여행 시장으로의 전환이 불가피했다(슈퍼앱에 관해선 8장 참고). 특히 경쟁이 치열한 국내 여행 시장에서 마이리얼트립은 제주도라는 특별한 여행지에 집중했다. 이 선택은 소비자들이 해외여행 대체지로 제주도를 찾는 흐름과 맞물려 성공적인 결과를 낳았다. 제주도는 타지역보다 독특한 매력과 경험을 제공할 수 있는 여행지였고, 마이리얼트립의 가이드투어와 액티비티에 관한 노하우가 이상적으로 적용되었다.

외부 환경에 따른 전략적 전환은 타협효과와 맞물려 마이리얼트립의 성장에 기여했다. 회사는 여행 슈퍼앱이라는 강점을 살려 제주도 내에서 항공권·숙박·액티비티·렌터카 같은 요소의 통합 서비스를 제공했는데, 교차 판매율이 38퍼센트에 이르렀다. 이는 글로벌 OTA^{Online Travel Agency} 평균보다 높은 수치로, 마이리얼트립이 여행자들에게 제공하는 가치가 단순한 예약 플랫폼을 넘어선다는 점을 보여준다. 여행자들은 한 앱 내에서 모든 여행 준비를 마칠 수 있었고, 마이리얼트립을 더욱 편리하고 신뢰할 수 있는 서비스로 인식했다.

마이리얼트립은 팬데믹 중에도 IT 인프라를 강화하고, 전문가들을 채용해 제주도에서의 여행 경험을 최적화했다. 예약 시스템과 맞춤형 여행 일정 관리 기능은 사용자들에게 더 나은 경험을 제공했다. 이러한 디테일로 제주도에서의 예약 건수가 코로나 19 이전의 해외여행 수치를 넘어서는 성과를 이끌어냈다. 실제로 제주도에서의 하루 최대 예약 건수는 8,000건에 이르렀는데, 이는 팬데믹 이전에 오사카에서 기록했던 하루 1,800건보다 훨씬 높은 수치였다.

이와 같은 성과는 마이리얼트립이 단순히 위기를 극복한 것이 아니라, 팬데믹이라는 어려운 상황에서 타협효과를 적절히 활용하여 시장을 확장하고 성장의 기회를 포착했음을 의미한다. 소비자들은 여전히 자유롭고 개성 있는 여행을 선호했고, 마이리얼트립은 이런 욕망을 충족해주는 최적화된 서비스를 제공했다. 결과적으로 마이리얼트립은 타협효과를 기반으로 소비자들에게 해외여행 대신 제주도라는 대안을 제시함으로써 성공을 거두었다. 제주도를 시작으로 국내여행 시장에서 경쟁력을 확보하면서 여행 슈퍼앱으로서의 입지를 더욱 강화했고 지속 가능한 성장을 위한 발판을 마련했다.

기업을 운영하다 보면 언제나 위기는 다가온다. 중요한 건 위기 상황에서 단순히 무언가를 버리기보다는 타협대안으로 위기를 기회로 바꾸는 것이다. 덴마크의 블록 장난감 회사인 레고^{Lego}의 사례를 보자. 1932년 올레 키르크 크리스티안센^{Ole Kirk Christiansen}이 설립한 레고는 덴마크어로 '재미있게 놀다^{play well}'라는 뜻의 'leg godt'의 줄임말이다. 블록으로 다양한 모양을 만들면서 어린이들의 창의력과 상상력을 자극하는 장난감으로 전 세계에서 인기가 높다.

레고에도 몇 번의 위기가 있었다. 1970년대 초, 레고는 세계적인 장난감 브랜드로 인정받고 있었지만, 에너지 위기가 발생하면서 생산 비용이 크게 증가하는 어려움에 직면했다. 위기에 따른 대응으로 레고는 크고 무거운 블록 생산을 중단하고 대신 작고 가벼운 블록을 개발하여 비용을 절감했다. 또한 어린이들의 창의력과 상상력을 자극할 수 있는 다양한 테마 세트를 도입했다. 레고 제품의 품질은 유지하면서도 창의적 가치를 높이는 타협대안을 만드는 데 중점을 둔 변화였다. 이는 소비자의 큰 호응으로 이어졌고 레고에 새로운 성장 기회를 제공했다.

1990년대 초에는 경영 부실로 또 한 번 위기에 직면했다. 회사는 경영진 교체를 비롯한 여러 조치를 취하며 위기를 관리했다. 비용 절감과 구조조정을 진행하는 동시에 레고랜드 테마파크 설립과 영화 제작 투자 등 브랜드 다각화를 추진했다. 2000년대에 들어서면서는 디지털 기술의 발달로 전통적인 물리적 장난감 시장이 축소했는데, 레고는 이 변화에 발맞춰 디지털 플랫폼을 활용한 제품과 서비스를 개발했다. 레고 마인드스톰과 같은 로봇 제작 키트와 다양한 온라인 게임 및 모바일 앱을 출시하여 디지털 시대의 고객 요구에 부응했고, VR과 AR로 가상의 레고 경험을 제공함으로써 기술적 경계를 확장했다. 2020년 세계 경제에 큰 타격을 준 코로나 팬데믹 당시에는 온라인 판매 채널을 강화하고 집에서 즐길 수 있는 새로운 레고 세트를 출시했다. 한편으로는 온라인 학습 자료를 제공하여 가정에서의 교육을 놓치지 않았다. 이러한 조치들은 팬데믹 상황 속에서도 레고가 비즈니스를 유지하고 성장하는 데 기여했다.

6

사회적 가치와
경제적 지속 가능성을
동시에 모색하기

- 커피베이와 공정성

커피 구매 뒤에
숨은 가치들

2020년 9월부터 3개월 동안 공정거래위원회가 가맹본부 200개와 가맹점 1만 2,000개를 대상으로 실태조사를 실시한 결과, 가맹점의 42.6퍼센트가 불공정거래를 경험한 적이 있다고 답했다. 가맹본사와 가맹점의 공정성 판단은 제3자가 아닌 당사자 사이 문제이기 때문에 상호 간 입장 차이가 클 수밖에 없고 서로의 의견을 존중하며 대화로 문제를 해결하는 것이 중요하다. 그런데 가맹본사와 가맹점의 큰 인식 차이에도 불구하고 2009년 론칭 이후 583개의 가맹점을 운영하면서 가맹점과의 분쟁으로 공정거래위원회에서 시정조치를 받은 사례가 전무한 브랜드가 있다. "가맹점과 본사는 하나다"라는 경영 철학을 갖고 있는 '커피베이Coffeebay'다.

커피베이의 상생경영 전략은 참고할 만하다. 첫째, 커피베이는 브랜드 설립 이후 원두 가격을 한 번도 인상하지 않으면서 가맹점이 원가 경쟁력을 유지하는 데 노력을 기울였다. 비슷한 맥락에서 가맹점에 최상의 원두를 합리적인 가격에 제공하기 위해 중저가 브랜드로는 쉽지 않은 자체 로스팅 플랜트 'AT 글로벌'을 운영하고 있다.

둘째, 2018년 가맹점주와의 간담회 후 원부자재 50여 개 품목의 가격을 최대 30퍼센트 인하했고, 기존 161개 필수 구입 품목을 100개로 37퍼센트 감축했다. 가맹점의 부담을 줄이는 한편 경쟁력을 높이는 선택이었다.

셋째, 10주년을 기념하여 티몬에서 아메리카노, 카페라테, 바닐라라테 3종을 총 5만 명에게 100원에 판매하는 프로모션을 진행했는데, 사용된 쿠폰의 정상 판매가를 가맹본부가 전액 부담하여 소비자들은 저렴한 가격에 음료를 즐기고 가맹점은 매출을 올릴 수 있도록 했다.

마지막으로 가맹점이 부담하는 것 없이 100퍼센트 본사 비용만으로 매년 인기 예능 및 드라마의 제작을 지원하면서 브랜드 인지도 향상에 앞장서고 있다. 예를 들어, 〈펜트하우스〉, 〈밥 잘 사주는 예쁜 누나〉, 〈호텔 델루나〉 등의 프로그램에 제작 지원을 했다.

이런 활동이 가능한 이유는 커피베이가 프랜차이즈 사업을 '새로운 가족'을 만들어 분가시키는 일로 보기 때문이다. 이러한 관점은 가맹점주와 본사의 관계를 더욱 강화하고 본사가 가맹점의 성

커피베이 광고

공을 지원하는 데 중요한 동기가 되어준다. 코로나 팬데믹 당시에는 물류 대금 인하, 배달앱 서비스 지원, 클린베이 캠페인 등 여러 지원 조치를 마련해 가맹점주들에게 감사 인사를 받았다.

또한 커피베이는 새로운 시도를 할 때, 가맹점에서 불편함이나 역효과가 나타나지 않도록 신중하게 접근한다. 예를 들어 본사 직영점과 각 지역 다섯 개 가맹점에서 신메뉴, 패키지, 새로운 시스템 도입 등을 테스트하고, 문제가 없다는 것을 확인한 후에만 가맹점에 도입한다.

새로운 시대를 위한
혁신적 비즈니스 모델

커피베이는 가맹본사와 지역사회의 일원인 가맹점이 유기적으로 맞물려 사회적 가치를 전파하도록 힘쓴다. 이에 가장 효과적인 유럽의 소셜 프랜차이즈 시스템을 비즈니스 모델로 지향한다. 소셜 프랜차이즈는 사회적 가치 창출과 경제적 지속 가능성을 동시에 추구하는 혁신적인 비즈니스 모델이다. 이 모델은 빈곤·실업·장애·환경 등 다양한 사회문제를 해결하면서 동시에 경제적 수익을 창출한다. 1970년대 유럽에서 시작되어 지금까지 꾸준히 발전해 왔으며, 영국, 프랑스, 이탈리아, 스페인을 중심으로 전 세계에 확산되고 있다. 소셜 프랜차이즈는 실질적인 사회문제 해결에 기여해서 가치를 창출하고, 사회적 가치와 경제적 수익을 동시에 추구하여 장기적인 운영을 가능케 한다. 프랜차이즈 시스템의 효율성을 활용하여 운영 비용을 절감하고 성장을 촉진할 수 있으며, 정부·기업·사회기관·시민 등 다양한 사람의 참여를 유도함으로써 사회 전체의 발전에 이바지할 수 있다는 장점이 있다.

ICSF^{International Center for Social Franchising}는 프랑스, 벨기에, 독일, 이탈리아, 아일랜드, 네덜란드, 폴란드, 스웨덴, 영국에서 수백 개의 소셜 프랜차이즈가 활동 중이라고 보고했다. 실제로 PSI^{Population Services International}는 20년 이상 개발도상국에서 소셜 프랜차이즈 모델을 사용한 세계적인 비영리 보건 단체로 1만 6,000개가 넘는 가맹점을 운용 중이다. 아플라툰^{Aflatoun}은 후천면역결핍증후군, 말라리아, 오염된 물, 산모 및 아동 건강 위협과 같은 문제에 직면한 인도에서 시작되어 아동들에게 실용적인 경제관념과 권리 교육을 제공하는 비영리단체 차일드라인^{Childline}이 만든 프로그램이다. 아이들은 아플라툰 교육 프로그램을 통해 자기 탐색, 권리 및 책임, 저축 및 소비, 예산 계획, 창업 등 경제 개념을 배우고 실생활에서 문제를 해결할 능력을 키운다. 현재 100개국 이상, 300개 이상의 파트너 기관에서 아플라툰 프로그램을 활용하고 있다.

소셜 프랜차이즈 철학을 바탕으로, 커피베이는 2019년 창립 10주년을 맞아 '고 그린^{Go, Green} 캠페인'을 시작했다. 캠페인의 목표는 '지구를 살리는 친환경 브랜드'를 만드는 것이었다. 캠페인의 첫 단계로, 커피베이는 가산 직영점, 이마트 의왕점, 홈플러스 간석점 세 개 매장에서 친환경 생분해 플라스틱Poly Lactic Acid; PLA(이하 PLA) 컵과 빨대를 도입했다. PLA 제품은 식물에서 추출한 생분해성 수지 성분으로 제작되어 환경 호르몬이나 중금속 같은 인체와 환경에 유해한 물질이 없고, 폐기 후 미생물에 의해 100퍼센트 생분해된다. 또한 커피베이는 사무실에서 일회용컵을 전혀 사용하지 않고, 모든 직원이 텀블러를 사용하면서 '노 플라스틱'에 앞장서고 있다. 나아가 환경부와 자발적 협약을 맺고 일회용품 줄이기에 적극적으로 동참하고 있다.

국내 대표 프랜차이즈, 규모의 역설에 봉착하다

M커피는 2015년 홍대점에서 시작해 5년 만에 1,000호점을 돌파하며 국내 대표 커피 프랜차이즈로 자리 잡았다. 폐점률이 0.5퍼센트에 불과한 성공 비결로는 철저한 상권 분석, 가맹점 수익보장, 체계적인 지원이 있었다. M커피는 상권을 분석해서 수익성이 보장되지 않으면 가맹점을 열지 않았고, 규모의 경제를 활용한저렴한 원재료를 가맹점에 공급하여 수익을 극대화했으며, 전담슈퍼바이저를 두어 운영 노하우와 매출 극대화를 지원했다. 또한대용량 커피로 가성비 브랜드라는 이미지를 구축했고, 대학가와군인 대상 지역을 우선적으로 공략했다. 덕분에 가맹점이 빠르게늘어나면서 대한민국 대표 카페 프랜차이즈가 되었지만 동시에가맹점주들과의 갈등도 나타났다. 기업 입장에서 진행한 판매 촉

진 전략을 가맹점주들이 불공정하다고 항의하는 일이 벌어진 것이다.

예를 들어 레모네이드, 블루레모네이드 등 8종의 음료에 한해 소비자가 원하면 제로 사이다로 변경하는 옵션을 무료로 신설했는데 일반 사이다보다 제로 사이다의 공급가가 200원가량 비싸다 보니 이 부담을 점주들이 떠안아야 했다. 무료 쿠폰 정책 변경도 문제가 되었다. 기존에 특정 매장에서 세 번 이상 구매를 해야 쿠폰을 사용할 수 있던 정책을 어떤 매장에서든 쿠폰을 사용할 수 있도록 바꾸다 보니 본인 매장에서 한 번도 구매하지 않은 고객에게 무료 음료를 제공해야 하는 상황이 발생한 것이다. 처음에는 무료 쿠폰 비용을 점주들이 100퍼센트 부담했다가 이후 원가의 50퍼센트를 지원하는 방식으로 변경하긴 했지만 점주 입장에서는 불만을 가질 수밖에 없었다.

공정의 두 가지 측면

월드클래스 축구선수를 모델로 M커피가 진행한 대규모 광고 캠페인의 광고비 분담 관련해서도 가맹점주들은 절차적 공정성과 분배 공정성 두 가지 측면에서 불만을 제기했다. 먼저 절차적 공정성 측면에서 본사가 먼저 월드클래스 축구선수를 광고모델로 내세우고서는 이후에 가맹점이 광고료를 부담하는 것에 대한 설

문조사를 실시했다는 것이다. 본사가 마케팅을 포함한 모든 비용을 부담하고 가맹점은 계약에 따라 매출에서 정한 비율만큼을 지급하며 추가 마케팅비를 부담하지 않는 것이 일반적인데, 이 경우 광고를 먼저 집행한 후에 광고료 분담 동의 여부를 물었기 때문에 절차적 공정성에 문제가 있다는 입장이었다.

분배 공정성 측면에서도 문제가 제기되었다. 물론 월드스타가 광고하면 브랜드 이미지와 판매가 좋아지겠지만 1,500원인 아메리카노를 한 잔 팔면 300~400원이 남는 상황(순이익률 10퍼센트)에서 월 매출이 100만 원 이상은 늘어야 광고 효과가 나타나는 셈이었다. 그런데 점주 입장에서는 그 효과가 확실하지 않다는 것이다. 오히려 광고가 나오기 전 3개월 동안에는 점포 수가 111개 증가한 반면, 광고가 나간 후 3개월 동안에는 185개나 늘어나 광고 효과는 가맹점주가 아닌 본사가 누린 것 아니냐는 지적도 나왔다.

공정성 문제는 비단 M커피만의 문제가 아니라 거의 모든 프랜차이즈에서 발생하는 일반적인 문제다. 각자의 입장이 다르기에 객관적인 측면에서 문제를 판단하기가 쉽지 않다. 예를 들어 T카페는 가맹점주와 상의 없이 쿠폰을 대량 발행한 적이 있는데, 기프티콘으로 발행된 금액과 당시 가격을 인상해서 판매 중이던 상품가의 차액을 가맹점주가 부담하도록 했다는 주장이 제기되었다. 치킨 프랜차이즈 B사는 튀김용 기름을 원가의 2.2배가 넘는 비싼 값에 가맹점에 공급한다는 내부 임원의 발언이 공개되기도

했다.

　이런 갈등의 원인 중 하나는 가맹점 수 증가를 바라보는 시각의 차이다. 가맹본부 입장에서는 가맹점 수가 늘어나야 브랜드 파워도 커지고 규모의 경제도 얻을 수 있기에, 빠르게 가맹점을 늘리고 싶어 한다. 그러나 가맹점주 입장에서는 너무 적은 가맹점 수도 문제지만, 그렇다고 필요 이상으로 가맹점 수가 빠르게 늘어나는 상황도 마냥 환영할 수 없다. 그러다 보니 자연스럽게 본사 정책의 공정성에 관해 문제 제기가 많아진다.

　공정성 문제는 단순히 분배의 양에만 국한되지 않는다. 비용과 이익이 어떻게 분배되고 재분배되는지에 관한 문제는 가맹점과 본사 간 갈등의 핵심이다. 공정성 판단은 각 당사자의 경제 상황, 시장 동향, 계약의 세부 조건에 따라 더욱 복잡해질 수밖에 없고 각자의 입장에 따라 첨예하게 달라지므로 의견 차를 좁히기가 쉽지 않다.

어떻게 공정성을
확보할 수 있을까?

공정성을 무시한 일방적인 의사결정은 집단 내에 갈등을 유발하고 사회적 결속력을 약화시킬 수 있다. 사람들은 본능적으로 상호 도움이 되는 방향으로 나누려는 경향이 있는데 이를 호혜적인 교환 본능이라고 한다. 이는 단순히 물질적인 교환만을 포함하는 것이 아니라 정서적 지원, 사회적 관계 형성 등 다양한 측면에서 나타난다. 초기 인간 사회에서 협력이 생존과 번식에 매우 중요했던 만큼 호혜적인 교환 본능은 인간 진화 과정에서 발달한 것으로 여겨진다. 서로 도움을 주고받는 사람은 더 많은 자원을 확보하고 위험을 줄일 수 있었기에 협력적인 행동은 유전적으로 전달되어 오늘날까지 이어져왔다.

또한 사람들은 사기꾼을 찾아내고 응징하려는 사기꾼 탐지 모듈이라는 본능도 가지고 있다. 인간은 오랜 진화의 결과 자신뿐만 아니라 타인의 행동에도 주의를 기울이며, 그들의 행동이 집단의 규범이나 기대에 부합하는지 평가한다. 사기꾼 탐지 모듈은 사회적 불공정이나 부정행위에 따른 반응으로, 자신의 이익뿐만 아니라 집단의 이익과 공정성을 지킬 목적으로도 활성화된다. 따라서 집단 내 협력과 공생 관계를 유지하는 데 중요한 역할을 한다. 공동체 내에서의 신뢰를 구축하고, 사기꾼이나 이기적 행동을 하는 개인이 이익을 얻지 못하도록 하며, 때때로 개인이 자신의 손해를 감수하면서까지 불공정을 저지른 사람을 응징하는 행위로 나타나기도 한다.

누가 제안할 것인가?

공정한 분배와 재분배를 위해서는 지켜야 할 원칙이 세 가지 있다. 첫째, 분배는 만족도를 기준으로 해야 한다. 즉, 모든 사람이 공평하게 만족할 만한 방식으로 자원을 나눠야 전체 집단의 만족도가 높아진다. 둘째, 재분배로 한쪽만 이득을 얻고 한쪽은 손실을 본다면, 공정성 판단은 손실을 본 사람을 중심으로 해야 한다. 이는 손실을 경험하는 당사자가 느낄 부당함을 최소화하고 갈등을 줄이기 위함이다. 셋째, 이득을 재분배할 때는 양쪽에 이득이 고르게 배분되어야 한다. 이는 모든 관련자가 재분배 과정에서 공평하게 혜택을 받아야 함을 의미한다.

이 원칙들은 매우 간단하게 들릴 수 있지만, 실제로는 사람마다 이익이나 고통의 기준이 다르기에 모두를 만족시키기가 쉽지 않다. 더욱이 일반 제조기업과 달리 프랜차이즈는 가맹본부, 가맹점주, 고객 모두의 입장을 고려해야 하므로 더욱 세심한 관리가 필요하다. 공정성이 적절히 관리되지 않으면 그 결과는 불만, 갈등, 심지어는 사업의 실패로 이어질 수 있다.

약간 불공정한 제안이라 하더라도 상대가 받아들이게 하려면 어떻게 하는 것이 좋을까? 공정성 관련 연구 결과를 정리하면 다음과 같은 방법이 있다. 첫째, 제안자가 한 명이고 선택을 받으려는 사람이 여러 명인 경우 제안을 받아들이는 사람만 이익을 얻을 수 있으므로 제안이 불공정하다고 느껴도 받아들일 확률이 높다. 선택의 기회가 한정적이기에 제안을 거절하면 아무런 이익도 얻지 못할 수 있기 때문이다.

둘째는 제안자가 나보다 뛰어난 능력을 갖고 있다고 판단하는 경우다. 이 경우에는 제안자의 능력이나 전문성을 인정하므로, 제안이 불만족스럽더라도 받아들이려 한다. 예를 들어, 동전을 던지는 등의 방식이 아니라 공정한 테스트를 거쳐 제안자를 선정한 경우, 또는 제안자가 해당 분야의 전문가인 경우가 이에 해당한다.

마지막으로 이해관계가 전혀 없는 제3자(컴퓨터 등)가 제안하는 경우다. 이 경우에는 제안자에 대한 개인적인 감정이나 선입견이 작용하지 않으므로, 낮은 금액을 제안받더라도 사람들은 그것을 받아들이려 한다. 예를 들어, 샐리 블런트Sally Blount(1995)는 10 달러로 게임을 하는 상황에서 상대방이 제안하는 경우, 두 사람을 모르는 제3자가 제안하는 경우, 컴퓨터 시뮬레이션으로 제안하는 경우로 나누어 사람들의 최소수용금액Minimum Acceptable Offer; MAO을 조사했다. 결과적으로 상대방이 제안하는 경우는 최소수용금액이 2.91달러였고, 제3자가 제안한 경우는 2.08달러였지만 컴퓨터 시뮬레이션으로 제안한 경우는 1.20달러로 나왔다. 이러한 결과는 제안의 공정성이나 제안자에 대한 인식이 협상 과정과 결과에 큰 영향을 미친다는 사실을 보여준다.

어떤 메시지를 전할 것인가?

공정성은 프랜차이즈와 같은 기업 간 거래뿐만 아니라 소비자와의 관계에서도 매우 중요하다. 특히 자신의 신념, 가치관, 사회적 이슈에 대한 입장을 제품 구매와 소비 활동으로 적극적으로 표현하는 '미닝아웃meaning out' 트렌드를 고려할 때 세심하게 관리할 필요가 있다. 일회성 이벤트가 아니라 진정성authenticity을 가지고 브랜드 철학을 녹여낼 때 소비자는 그 기업의 진심을 인정하고 찬사를 보내며 기업의 활동을 적극적으로 알리는 브랜드 전도사가 된다.

예를 들어 아웃도어의류 브랜드 파타고니아^{Patagonia}는 환경보호와 지속 가능성을 핵심 가치로 내세우며, 제품 생산 과정에서 공정한 노동 조건을 준수하고 친환경 소재를 사용한다. 파타고니아는 2011년 블랙 프라이데이 때《뉴욕타임즈$^{New York Times}$》에 "이 재킷을 사지 마시오$^{Don't Buy This Jacket}$" 캠페인 광고를 게재했다. 말 그대로 소비자에게 자사의 제품을 덜 사라고 권장하면서까지 환경보호 메시지를 전달하자 파타고니아 브랜드에 대한 신뢰와 충성도가 높아지는 것은 물론이고 매출도 증가했다.

아이스크림 브랜드 벤앤제리스$^{Ben\&Jerry's}$는 공정무역 원칙을 준수하는 기업으로 2020년 미국에서 하겐다즈를 제치고 매출 1위를 기록하기도 했다. 벤앤제리스는 아이스크림에 사용되는 설탕·코코아·바닐라·커피·바나나 다섯 가지 원료는 전 세계 개발도상국의 소규모 농가에서 정당한 대가를 지불해 조달한다. 또한 친환경 포장재 사용 및 에너지 절약 등 다양한 환경보호 노력을 실천하는데, "녹으면 망한다$^{If it's melted, it's ruined}$"는 슬로건을 내건 지구온난화 방지 캠페인이 한 예라 할 수 있다. 나아가 동성결혼 합법화 지지 캠페인을 펼치거나 트럼프 행정부에 저항하는 아이스크림 '피칸 레지스트'를 출시하는 등 사회적 불평등 해소, 인권 보호를 위한 다양한 사회운동에 참여하면서 변화를 이끌어내고 있다.

커피베이 역시 내부적으로는 가맹점과의 관계, 외부적으로는 지역사회, 나아가 환경보호 측면에서 공정성을 확보하기 위한 노력을 계속하고 있다. 앞서 설명한 가맹점 지원과 환경보호 노력들 이외에도 코로나 팬데믹 때는 소방관과 의료진에게 음료와 베이커리를 무료로 제공하는 나눔 릴레이 캠페인을 열었다. 경기도자살예방센터와 함께 자살 예방 캠페인을 지속하고 있고, 인천경찰청과 협력하여 피싱 사기 예방 캠페인을 진행하는 등 사회적 책임을 다하는 방향으로 진정성 있게 공정성을 확보하기 위해 노력하고 있다.

3부

지금 고객은
어떤 경험을
원하는가?

소비자가 자발적으로
움직이게 하는 심리

- 직방과 디폴트옵션

행동을 바꾸는
가장 효과적인 방법

후회는 참으로 아이러니한 감정이다. 우리는 결과를 알 수 없는 불확실성을 안고 의사결정을 하며 살아간다. 때로는 그 선택이 우리를 성공으로 이끌기도 하지만, 실패할 때도 적지 않다. 여기서 흥미로운 점은, 실패의 종류에 따라 우리가 느끼는 후회의 양상이 다르다는 사실이다. 먼저 행동후회^{action regret}를 알아보자. 이것은 우리가 어떤 결정을 실행한 후 나타나는 부정적 결과에 따른 후회다. 예를 들어 주식 시장에서 위험을 감수하고 투자했다가 크게 손해를 보거나, 매력은 적지만 안정적인 직업 대신 불확실한 도전을 선택했다가 실패하는 상황이 여기에 해당한다. 이런 경우 '내가 왜 이런 선택을 했을까?'라는 생각에 사로잡히며, 결정을 되돌리고 싶다는 강한 감정을 느낄 수 있다. 반면, 무행동후회^{inaction regret}

는 좀 더 복잡한 양상을 띤다. 이는 우리가 어떤 기회에 행동하지 않았을 때 나타나는 부정적 결과에 따른 후회다. 친구들과의 여행을 거절했다가 그들이 환상적인 경험을 했다는 이야기를 듣고 뒤늦게 후회거나, 프로젝트를 맡지 않았다가 나중에 동료가 그 프로젝트를 기회로 성공하는 것을 보고 느끼는 아쉬움이 이에 속한다. 이때 우리는 '만약에 내가 그때……'라고 생각하게 되고, 이는 때로는 행동 후회보다 더 강한 정서적 고통을 유발한다.

디폴트옵션을 바꿀 것

사람은 어느 후회를 더 크게 인식할까? 일반적으로 사람은 자신의 행동으로 부정적인 결과가 발생했을 때 더 큰 후회를 느낀다. 종종 새로운 시도를 하기보다 익숙한 길을 택하려는 이유다. 이런 성향을 현상유지효과Status Quo Effect라고 부른다. 어떤 일을 해야 하는데도 그저 머뭇거리며 현상을 유지하려는 태도, 이른바 복지부동伏地不動도 사실은 현상유지효과의 일종이라 할 수 있다.

재미있는 점은 시간이 지나면서 후회가 변한다는 사실이다. 당장은 행동으로 인한 부정적인 결과에 후회가 크지만, 시간이 흐르면서 무행동으로 인한 후회가 더욱 크게 느껴진다. 특히 한 해가 마무리되거나 인생의 마지막 순간 사람은 '내가 왜 하지 않았을까?'라는 말을 더 많이 한다. 무언가를 하지 않은 것에 따른 후회,

즉 무행동후회가 시간이 지남에 따라 더욱 커지기 때문이다.

사람은 일반적으로 무행동후회보다 행동후회를 더 크게 느끼므로 자신의 행동을 잘 바꾸지 않으려고 한다. 이러한 현상유지편향 때문에 사람의 행동을 바꾸기란 매우 어렵다. 하지만 의외로 간단한 방법이 있다. 현상유지편향을 역으로 활용하면 해답은 간단할 수 있다. 바로 디폴트옵션default option을 바꾸는 것이다. 예를 들어, 유럽 국가에서는 운전면허를 신청할 때 장기기증 의사를 묻는다. 그런데 국가에 따라 장기기증 의사의 비율이 크게 차이가 난다. 덴마크는 4.25퍼센트, 네덜란드는 27.5퍼센트, 영국은 17.2퍼센트, 독일은 12퍼센트인 반면, 오스트리아는 99.98퍼센트, 벨기에는 98퍼센트, 프랑스는 99.9퍼센트, 헝가리는 99.98퍼센트, 포르투갈은 99.64퍼센트다. 이렇게 큰 차이가 나는 이유는 무엇일까? 바로 기본 선택default이 다르기 때문이다. 기본 선택이 '장기기증 의사가 있다'인 국가는 기증 의사가 높고, 기본 선택 없이 장기기증 의사가 있으면 표시하라고 하는 국가는 기증 의사가 낮다. 이는 새로운 것을 시도하기보다 기본 조건을 그대로 받아들이려는 인간의 현상유지효과 때문이다. 디폴트옵션을 바꾸면 사람의 행동을 쉽게 바꿀 수 있다.

선 직방 후 방문으로
고객의 디폴트옵션을 바꾸다

집을 찾는 일은 생각보다 복잡하다. 인터넷에서 방을 찾으려 해도 정보의 한계에 부딪히곤 한다. 특히 구매 목적이 아닌 거주 목적의 공간을 찾는 일은 더욱 까다롭다. 집은 단순한 소비재를 넘어서 투자재로서의 가치를 지니며, 이 때문에 가치를 판단하는 기준이 다양해진다. 집을 선택할 때는 가격뿐만 아니라 주변의 교통 상황, 생활 편의성, 안전성 등 다방면을 고려해야 한다. 그러나 이런 요소들은 현장을 직접 방문하지 않고서는 제대로 평가하기 어렵기에 정보의 비대칭성 문제가 불가피하게 대두된다. 이를 해결하고자 많은 임차인이 부동산 중개인의 도움을 받는데, 종종 중개인이 임대인의 이해관계를 우선하곤 해서 임차인으로서는 불리한 상황에 처하기도 한다. 그나마 정보가 상대적으로 풍부한 아파트 같은 주거 공간과 달리, 원룸이나 투룸 같은 소형 주거 공간은 현장 방문과 중개인의 도움 없이는 충분한 정보를 얻기가 힘들다. 이렇듯 정보 불균형을 최소화할 노력이 요구되는 상황에서 등장한 것이 바로 '직방'과 같은 부동산 정보 플랫폼이다.

중개상이 고생해야
고객이 만족한다

직방은 2011년, 서울대입구역에서 첫 사업을 시작했다. 직원들이 직접 움직여 빈방의 실제 상태를 확인하고 전기·수도·가스·오염·소음·악취·보안 등의 객관적인 정보를 수집해 온라인에 게시했다. 이 서비스는 방을 구하는 사람들이 실제로 방문하지 않고도 믿을 만한 정보를 제공받을 수 있는 새로운 방식이었다. 발로 뛰는 현장 조사에 의존했기에 시작 단계에서는 넓은 지역을 다루기가 불가능했다. 따라서 주로 원룸을 찾는 대학생과 혼자 사는 20~30대 싱글들을 주요 타깃으로 삼아, 이들의 수요가 많은 지역을 우선적으로 선택했다. 관악구에서 시작한 서비스는 차츰 구로구, 영등포구, 강서구로 확장되었다. 직원들은 1만 5,000개의 건물, 총 20만 가구를 직접 방문하여 정보를 검증했다. 이러한 노력의 결과로 서비스는 서울 전역으로 확대되었다.

단순히 부동산 거래를 중개하는 것을 넘어서, 직방은 거래에 관련된 정보를 인증하고 검증하는 일에도 초점을 맞췄다. 이러한 접근 방식은 고객들에게 큰 신뢰를 줬으며, 이 신뢰를 바탕으로 점차 더 많은 사람이 플랫폼을 방문했다. 2013년부터 사업 모델이 본격적으로 활성화되었고, 부동산 중개인들도 직방에서 직접 정보를 공유하게 되었다. 이 과정에서 교차 네트워크 효과cross-side network effect가 발생했다는 점은 매우 주목할 만하다. 이 현상은 서로 다른 두 집단 간 거래가 활성화될 때 한 집단의 활동이 증가하면 다른 집단의 이득도 커지는 것을 의미한다. 직방의 경우 부동산 중개인들이 제공하는 정보의 양과 질이 상승하면서 사용자들의 만족도와 플랫폼 신뢰도도 함께 향상했다. 이러한 상호 연결된 성장은 2013년 말 직방앱이 100만 다운로드를 기록하며 입증되었다.

성공의 밑바탕에는 고객에게 딱 맞는 방을 찾으려면 '발품이 필수'라는 직방의 신념이 있었다. 사실 직방 이전에도 교차로, 가로수, 네이버 부동산, 부동산 114와 같은 부동산 서비스와 '피터팬의 좋은 방 구하기' 같은 인터넷 카페가 있었다. 그러나 기존 부동산 서비스가 40대 이상의 고객을 대상으

직방 브랜드 대표 이미지

로 아파트 매매 위주의 정보를 제공했다면 직방은 원룸, 투룸, 오 피스텔 전·월세 위주로 2030에게 적합한 정보를 제공했다. 인터 넷 카페와 달리 모바일 어플에서 편리하고 신속하게 정보를 제공 하면서 온라인과 오프라인을 연계하는 부동산 중개 O2O^{Online to Offline} 서비스로 차별화를 꾀했다. 더욱이 방을 구하는 임차인의 마 음을 조금이라도 더 이해하기 위해 신입사원을 뽑을 때 자격증이 나 영어 점수가 아닌 자취 경험 여부를 반영했다. 자취 경험이 있 는 직원이 부동산 관련 지식이 부족한 대학생이나 사회초년생에 게 어떤 정보가 필요한지 가장 잘 알리라고 생각했기 때문이었다.

직방은 안심 중개사 제도와 매물 광고 실명제를 도입해 신뢰성 을 높였으며, 안심 녹취 서비스로 통화 내역을 자동 저장했다. 부 동산 중개인을 위한 공실 제로 서비스를 마련하여 지역 기반 중개 의 효율성을 극대화하기도 했다. 또한 기존의 건당 광고비 체계를 월별 광고비 부과 방식으로 변경해 중개소의 경제적 부담을 완화 했다.

직원들이 직접 발로 뛰어서 자세한 매물정보를 올리면서 서비 스를 강화한 결과 고객이 먼저 온라인으로 매물을 확인한 후 현장 을 방문하는 '선 직방 후 방문'이라는 새로운 패턴의 디폴트 옵션 이 만들어졌다. 하지만 서비스를 확장하는 데 직원들의 발로 뛰는 노력만으로는 정보의 한계에 부딪힐 수밖에 없었다. 따라서 직방 은 시스템을 개방하여 공인중개사가 직접 매물 정보를 등록할 수 있도록 했다. 과거 공인중개사의 역할은 비교적 수동적이었다. 보통 임대인에게서 전화를 받고 매물을 접수한 뒤, 고객이 방문하면 이들을 대상으로 매물을 직접 보여주는 것이 일반적이었다. 이 과정에서 소비자는 자신이 지급한 중개수수료에 비해 받는 서비스가 부족하다고 느껴 수수료를 흥정하는 일이 잦았다. 즉, 소비자는 자신이 지불하는 비용 대비 얻는 가치가 적다고 인식했다.

새로운 시스템에서는 공인중개사가 더 적극적으로 정보를 관리하고 업데이트해야 했다. 고객에게 더 많은 정보와 서비스를 제공함으로써 상품의 가치를 높이고 고객이 지불하는 비용에 따른 만족도를 증진시켜야 했다. 공인중개사들에게 더욱 전문적이고 적극적인 역할을 요구하는 이러한 변화는 부동산 중개 시장의 서비스 질을 높이는 새로운 기준으로 작용했다. 이를테면 중개인은 실제 주거 공간의 모습을 보여주기 위해 적어도 다섯 장의 사진을 올려야만 했다. 이 사진들은 공간의 진정성과 상태를 소비자에게 전달하는 중요한 역할을 담당했다. 또한 방의 정확한 위치, 크기, 지하철과의 접근성, 관리비 정보, 주차장 및 엘리베이터 유무, 난방 시스템 같은 주요 특성들에 관한 정보도 상세히 제공해야 했다. 즉 중개인이 단순히 정보를 제공하는 것을 넘어, 현장을 직접 방문하여 상태를 점검하고 사진을 찍는 등 대리인으로서의 역할에 충실하도록 만든 것이다.

부동산 시장에서 정보의 정확성과 상세함은 신뢰성 확보에 중

직방 광고

요하다. 허위매물을 게시한 중개인을 강력히 제재하는 직방의 '헛걸음 보상제'와 '안심 피드백' 제도는 중개인들의 책임감을 강화하면서 소비자 불만을 해소하고 서비스 투명성을 높였다. 비록 중개인에게는 고달픈 변화였지만, 결과적으로 소비자의 불만을 줄이는 효과를 가져왔다.

에어비앤비와 위워크,
성공과 실패가 갈린 이유

소비자 신뢰를 바탕으로 직방은 부동산 시장에서 독보적인 위치를 확립해나갔다. 2017년에는 전·월세 주택 시장을 넘어 아파트 분양 마케팅 대행까지 사업 영역을 확대하며 눈에 띄게 성장했다. 이후 2018년에는 실거래가와 매물 정보 제공을 강화하기 위해 '호갱노노'를 230억 원에 인수했고, 2019년에는 셰어하우스 플랫폼 '우주'와 상업용 부동산 정보 플랫폼 '네모'를 운영하는 슈가힐을 인수했다. 2020년에는 욕실과 주방 청소 전문 서비스인 이웃벤처, 온택드플러스, 위너스파트너를 인수했고, 2022년에는 삼성SDS의 홈 IoT^Internet of Things(사물인터넷) 사업을 600억 원에 인수하면서 사업 범위를 대폭 확장했다. 이처럼 빠르게 성장하며 사업 영역을 확장하자 '승자의 저주winner's curse'에 대한 우려도 따라왔다.

승자의 저주란 과도한 가격을 지불하여 경매에서 이긴 승자가 예상보다 적은 가치를 얻어 손해를 보는 현상을 말한다. 이 개념은 1971년 케이펜Capen, 클랩Clapp, 캠벨Campbell이 공동으로 작성한 〈고위험 상황에서의 경쟁 입찰Competitive bidding in high risk situations〉이라는 논문에서 처음 소개되었다. 이 현상은 원유 개발권 경매 사례에서 두드러졌다. 1950년대, 미국 정부는 멕시코만의 잠재적인 원유 매장지 시추권을 경매에 부쳤다. 경매 참가자들은 그 지역에 실제로 얼마만큼의 원유가 매장되어 있는지 정확히 알 수 없었고 유전의 가치를 정확히 평가하기 어려웠다. 이 상황에서 참가자들은 낙찰을 받으려면 가능한 가장 높은 금액을 제시해야만 했다. 그러나 높은 금액을 제시하여 유전 개발권을 획득했음에도 유전의 실제 가치가 그만큼 크지 않아 손해를 보는 상황이 발생했다. 이러한 역설적이고 모순적인 결과를 설명하기 위해 승자의 저주라는 용어가 탄생했다.

실제로 비즈니스 세계에서는 인수합병 과정에서 승자의 저주 현상이 빈번하게 나타난다. 2006년 대우건설의 인수 경쟁이 하나의 사례다. 국내 1위 건설사였던 대우건설을 둘러싼 인수전은 경쟁이 치열했고, 결국 금호아시아나 그룹은 인수 금액으로 6조 4255억 원이라는 엄청난 돈을 지불했다. 이 중 3조 5000억 원은 국내외 금융기관에서 빌린 자금이었다. 이후 금호아시아나 그룹은 대한통운 인수전에도 뛰어들었지만, 글로벌 금융위기와 맞물려 심각한 자금난을 겪었다. 결국 2009년 12월 30일에 그룹의 주력 계열사들이 유동성 위기에 부닥쳐 워크아웃workout(기업개선작업)에 들어가는 수난을 겪었다.

직방 역시 단시간에 다양한 기업을 인수하자 승자의 저주에 대한 걱정이 나왔다. 덩치가 커진 만큼 2022년 역대 최대 매출(882억원)을 기록했지만 동시에 최대 적자(379억 원)를 냈기 때문이다. 다만 대한민국 최초의 부동산 앱으로서 우리나라에서 부동산 데이터를 가장 많이 가진 스타트업에서 이제는 프롭테크proptech 기업으로 변화를 꾀하고 있기 때문에 승자의 저주를 언급하기에는 이른 감이 있다.

에어비앤비가 위기를 관리하는 법

프롭테크란 부동산 자산property과 기술technology의 합성어로 부동산업과 기술업을 결합한 새로운 형태의 산업, 서비스, 기업을 포괄하는 개념이다. 이는 빅데이터·인공지능·VR/AR 등 IT 기술을 부동산 산업과 건설 분야에 접목하여 부동산의 구매·판매·임대·개발·관리의 모든 단계에서 혁신적인 서비스를 제공하는 것을 목적으로 한다. 이 분야에서 대표적인 기업으로는 숙박 공유 서비스를 제공하는 에어비앤비Airbnb, 공유 작업 공간을 제공하는 위워크WeWork, 부동산 가치 평가와 중개를 지원하는 질로Zillow가 있다.

먼저 에어비앤비는 2008년 샌프란시스코에서 대형 디자인 콘퍼런스가 열리면서 숙박 시설이 부족해진 것을 기회 삼아 브라이언 체스키Brian Chesky와 조 게비아Joseph Gebbia가 자신의 아파트에 공기 매트리스 세 개를 깔고 아침 식사를 제공하는 '에어베드 앤 브렉퍼스트AirBed&Breakfast' 서비스를 제공하면서 시작되었다. 이 사업 아이디어는 금세 확장되어 에어비앤비라는 이름으로 재탄생했다. 숙박업의 새로운 장을 여는 혁신의 시작이었다. 초기 자본은 불과 몇천 달러에 불과했지만, 이들의 아이디어는 전 세계로 퍼져나가며 엄청난 성장을 경험했다.

에어비앤비는 2020년까지 100억 달러 이상의 매출을 기록하며 숙박 공유 시장의 선두주자로 자리매김했다. 에어비앤비의 성공 비결은 혁신적인 비즈니스 모델과 강력한 기술 플랫폼에 있다. 에어비앤비는 전 세계 220개국 이상, 10만 개 이상의 도시에서 700만 개 이상의 숙소를 제공하며, 여행자와 호스트를 연결하는 독특한 방식으로 숙박 산업을 변화시켰다. 사용자 친화적인 인터페이스와 데이터 분석 기반 맞춤 추천 시스템은 사용자 경험을 혁신적으로 향상시켰다.

에어비앤비는 성공만큼이나 위험 요소에도 직면했다. 각 지역의 숙박업 규제, 세금 문제, 사용자들 사이의 안전 이슈가 지속적인 도전 과제였다. 특히 코로나 19 팬데믹 기간에는 여행 제한으로 예약이 급감하며 2020년에만 4500억 달러의 매출 손실을 경험했다. 에어비앤비는 이러한 위기를 기회로 삼아 사업 모델을 다시 검토하고, 가까운 지역으로의 여행이 증가하는 추세에 맞춰 서비스를 조정하는 등 빠르게 대응했다. 이처럼 에어비앤비의 여정은 도전과 기회가 공존하는 혁신의 연속이었다. 숙박업계에 새로운 표준을 제시하고 전 세계에 수백만 명의 사용자와 호스트를 연결하는 플랫폼으로 성장하면서 지속적인 혁신과 유연한 경영 전략이 얼마나 중요한지를 보여주었다.

지속 가능한 성장을 위해

위워크는 2010년 애덤 뉴먼Adam Neumann과 미겔 맥켈비Miguel Mckelvey가 공간의 유연성과 커뮤니티 구축을 핵심 가치로 삼아 설립했다. 이들의 목표는 단순한 공유 오피스를 넘어 창의적인 사람들이 모여 협업하고 성장하는 환경을 조성하는 것이었다. 초기에 몇백만 달러의 투자를 유치한 이후 위워크는 놀라운 속도로 성장하여 2019년까지 47억 달러의 매출을 달성하고 전 세계 33개국에 800개 이상의 지점을 개설했다. 위워크의 성공은 창의적이고 유연한 사무 공간, 커뮤니티 중심의 환경, 기술을 활용한 네트워킹 플랫폼 제공에 기반했다. 회사는 특히 밀레니얼 세대 사이에서 강력한 브랜드 인지도를 구축하며 시장에서 독보적인 위치를 확보했다. 위워크는 공간을 단순히 임대하는 것이 아니라, 회원들에게 네트워킹 이벤트, 멘토링 세션, 웰니스 프로그램 등을 제공함으로써 공유경제의 새로운 모델을 제시했다. 그러나 급속한 확장은 과도한 지출과 높은 채무 부담으로 이어졌고, 결국 위워크가 실패하는 주요 원인이 되었다.

2019년 기업공개Initial Public Offering; IPO 후 재정적 불투명성과 경영진의 문제점이 드러났고, 투자자들의 신뢰를 잃었다. 애덤 뉴먼의 경영 스타일과 사업 결정에 논란이 가중되면서, 회사의 가치는 급격히 하락했다. 더욱이 2020년 코로나 19 팬데믹으로 원격 근무가 확산되면서 위워크의 비즈니스 모델은 직접적인 타격을 입었다. 사무실 공간 수요가 급격히 감소하면서 재정적 어려움이 가중되자 회사의 취약성이 여실히 드러났고, 2023년에 뉴욕증권거래소에서의 상장폐지 및 파산으로 이어졌다. 이러한 결과는 시장의 요구에 빠르게 반응하고 혁신적인 서비스를 제공하는 것도 중요하지만, 지속 가능한 성장을 위해서는 투명한 재정 관리와 신중한 경영 전략 수립이 필수적이라는 점을 보여준다.

에어비앤비는 숙박 시설을 직접 소유하지 않고 P2PPeer to Peer 플랫폼을 제공하는 것을 디폴트옵션으로 선택하여 자산 부담을 줄이고 확장성을 높이면서 꾸준히 성장한 반면, 위워크는 사무 공간을 직접 장기 임차한 후 재임대하는 것을 디폴트옵션으로 선택하다 보니 높은 위험과 막대한 부채를 감당하지 못해 실패했다.

8

가장 먼저 떠오르는
브랜드가 되는 법

- 카닥과 이용가능성 휴리스틱

얼마나 빨리
떠올릴 수 있는가?

BMW의 장점을 한 개만 적으라고 한 집단(A)과 열 개를 적으라고 한 집단(B) 중 어느 집단에서 BMW 평가가 더 좋게 나왔을까?

이 질문은 행동경제학에서 언급하는 회상 용이성ease of retrieval과 내용에 근거한 판단content-based judgment 두 가지 중요한 개념을 다룬다. 첫 번째 개념인 회상 용이성은 정보를 얼마나 쉽게 떠올릴 수 있는지에 초점을 맞춘다. 예를 들어, BMW 차량의 장점을 하나만 생각해보라고 할 때, 이 작업은 상대적으로 쉽다. 따라서 이 이론에 따르면 장점 한 개를 생각하라고 한 집단 A가 BMW를 더 긍정적으로 평가할 가능성이 높다. 너무 많은 정보보다 적당한 양의 정보가 선호도에 긍정적으로 작용한다는 이 개념은 '과유불급過猶不及'이란 말과 관련이 깊다.

두 번째 개념인 내용에 근거한 판단은 생각해내는 내용의 양과 그것이 얼마나 긍정적인지에 초점을 맞춘다. BMW의 장점을 열 가지 생각해보라고 할 때, 이 과정은 더 복잡하지만 사람들이 더 많은 긍정적인 내용을 고려하게 만든다. 따라서 이 이론에 따르면 집단 B에서 BMW 선호도가 더 높게 나타날 가능성이 크다. 이 경우는 많을수록 더 좋다는 의미의 '다다익선多多益善'이란 말과 관련이 깊다. 그렇다면 실제 어느 집단에서 BMW 선호도가 더 높게 나타났을까?

경유차보다 전기차가
화재 발생률이 더 높을까?

웬키Wanke와 동료들이 1997년 진행한 이 BMW 실험은 사람들이 브랜드 평가를 어떻게 형성하는지에 대한 깊은 이해를 제공한다. 이 실험으로 연구자들은 정보를 회상하는 과정이 어떻게 사람들의 평가에 영향을 미치는지를 관찰할 수 있었다. 결과는 상당히 흥미로웠다. 한 가지 장점만 적은 집단은 7점 만점에 평균 5.8점을 기록하여 BMW를 매우 긍정적으로 평가했다. 반면에 열 가지 장점을 적은 집단은 7점 만점에 평균 4.2점을 기록했다. 회상된 내용content보다는 정보를 얼마나 쉽게 떠올릴 수 있는지accessibility 가 사람들의 판단과 평가에 더 중요하다는 결과가 나온 것이다. 쉽게 떠올릴 수 있는 정보의 위력은 이용가능성 휴리스틱availability heuristic이라는 개념과도 연결된다.

이용가능성 휴리스틱은 사람들이 결정을 내릴 때 실제로 발생하는 빈도나 확률보다는 마음속에 쉽게 떠오르는 예나 연상을 기반으로 한다는 심리학적 경향을 말한다. 이용가능성 휴리스틱은 일상생활에 많은 영향을 미친다. 예를 들어 전기차를 구매하려던 사람이 전기차 화재 위험에 관한 뉴스를 접하면 결국 휘발유나 경유 차량을 구매하는 일이 생긴다. 실제로 전기차 화재 발생률이 내연기관 차량보다 낮음에도 전기차의 화재 위험을 과대평가하는 현상이 나타난다.

전기차 화재는 시의성과 주목성이 높아 일단 화재 사고가 나면 뉴스에 크게 보도되어 사람들의 머릿속에 강렬하게 남는다. 반면, 휘발유나 경유 차량의 화재는 더 자주 발생할지라도 미디어에서 덜 다루어진다. 그러다 보니 전기차의 화재 가능성이 실제보다 크게 인식된다. 실제 2023년 상반기 기준으로 내연기관차(휘발유, 경유, LPG)의 등록 대수는 총 186만 8,746대이고 이 중 2만 7,883대에서 화재가 발생하여 발생 비율이 1.492퍼센트에 달했다. 그러나 전기차의 화재 발생 비율은 0.016퍼센트로, 내연기관차보다 낮다. 이와 유사하게, 비행기 사고도 매우 드물지만 한 번 발생하면 모든 뉴스에 대대적으로 보도된다. 같은 이유로 사람들은 비행기 사고가 자동차 사고보다 훨씬 더 자주 발생한다고 잘못 인식한다.

수입차 소유자들의 니즈를 파악하다

2024년 6월 기준 국내에 등록된 자동차 수는 관용, 자가용, 영업용을 포함해 총 2613만 4,000대에 이른다. 가구당 평균 1.17대를 보유한 수치로, 이미 가구당 한 대를 넘어선 상태다. 한국의 주민등록 인구가 약 5175만 명임을 감안하면 거의 1.98명당 자동차 한 대를 보유한 셈이다. 자동차 보유 대수의 증가는 많은 이점을 가져다주지만, 동시에 교통사고 발생률에도 영향을 미친다. 2020년에는 20만 9,654건, 2021년에는 20만 3,130건, 2022년에는 19만 6,836건의 교통사고가 발생해 점차 감소하는 추세를 보이긴 했으나 여전히 하루에도 수많은 크고 작은 사고가 발생한다.

아무리 평온한 사람이라도 자동차 사고가 나면 당황한다. 사고가 나면 운전자는 차량의 움직임을 멈추고 사고 현장을 정리하며,

필요한 사고 처리를 해야 한다. 그 과정에서 보험 처리를 비롯해 다양한 절차를 빠르게 진행해야 하므로 정신이 없을 수밖에 없다. 이 모든 과정을 끝내고 일상으로 돌아온 후에야 비로소 차량 수리 비용 고민을 시작한다.

레몬마켓에서 피치마켓으로

2016년 한국소비자원의 조사에 따르면, 최근 3년 자동차 정비와 관련하여 소비자 불만이 매년 5,000건 이상 접수되었다. 이 중에서도 가장 큰 문제로 지적된 것은 전체 피해구제 접수 건 가운데 65.4퍼센트가량을 차지한 '수리 불량'이었다. 수리를 의뢰한 부분이 제대로 수리되지 않아 동일한 하자가 재발하거나, 수리 전에는 이상이 없던 부분에 새로운 고장이 발생하는 것이다.

비용이 과도하게 청구되거나, 차주의 동의 없이 임의로 수리를 진행하는 경우도 있었다. 필요 이상으로 정비하거나 실제로는 수리하지 않은 부분에 비용을 청구하는 경우는 전체의 약 24.4퍼센트를 차지했다. 이러한 문제는 자동차 수리가 파손 부위에 따라 비용이 크게 다르고, 정보 비대칭 시장에서 소비자가 관련 지식이 부족해서 발생하는 전형적인 현상이다. 즉 소비자가 서비스 제공자보다 상대적으로 정보를 적게 가지고 있어 불균형이 발생한다. 이는 소비자가 서비스의 질을 정확히 판단하기 어렵게 만들고, 결과적으로 부정적인 경험으로 이어진다.

　정비 인력의 실력 차이 또한 수리 서비스 품질에 큰 영향을 미친다. 예를 들어 고급 수입차 브랜드의 경우, 공식 서비스센터의 기술자들은 특정 모델에 관한 전문 교육을 받지만, 일부 지역의 비공식 정비소에서는 해당 차량의 복잡한 시스템을 제대로 다룰 전문성이 부족하여 수리 품질이 떨어질 수 있다. 이러한 차이는 고객이 정기적으로 방문하는 곳에서는 상호 신뢰를 기반으로 불안감이 줄어들지만, 사고 이후 비정기적으로 방문했거나 긴급하게 수리를 맡겼다면 서비스 불확실성 때문에 고객의 불안감이 커진다.

　특히 수입차의 경우에는 국내 브랜드와 비교하여 정비 네트워크가 충분히 확립되어 있지 않다. 예를 들어, 고장 난 차량을 수리할 서비스센터를 찾던 한 수입차 소유자가 공식 서비스센터를 찾을 수 없어 멀리 있는 비공식 정비소에 차를 맡겼다고 하자. 결과적으로 수리 비용이 예상보다 높았고, 필요한 부품이 현지에 없어 수리 기간도 길어졌다. 이런 상황은 고객의 불만을 증가시키고, 특히 수입차 소유자는 높은 비용과 제한된 서비스 접근성 때문에 불편함을 크게 느낀다.

　수입차 소유자들은 지인의 추천이나 자동차 커뮤니티에서 정보를 얻으면서 이러한 문제를 해결하려고 한다. 실제로 자동차 커뮤니티에서 회원들은 서로의 경험을 공유하면서 신뢰할 수 있는 정비소 정보를 주고받는다. 이런 활동은 품질이 보장된 서비스를 찾도록 도와주지만, 소비자가 상당한 시간과 노력을 쏟아야 한다.

자동차 수리 시장은 정보의 비대칭으로 인해 레몬마켓lemon market으로 간주된다. 레몬마켓은 판매자가 제품이나 서비스에 관한 정보를 구매자보다 더 많이 알고 있어서 구매자가 품질을 제대로 판단하기 어려운 시장을 말한다. 카닥Cardoc의 이준노 대표 역시 자동차 커뮤니티를 운영하면서 정보 비대칭성 문제의 심각성을 깨달았다. 이준노 대표는 커뮤니티 회원들이 사고 차량의 사진을 게시하면 다양한 정비소에서 견적을 제시하는 상호작용에 주목했다. 특히 수입차 소유자들은 공식 서비스센터의 부족과 높은 비용, 긴 대기시간에 불만이 컸다. 수입차 차주들이 합리적인 가격과 신속한 서비스를 제공하는 정비소를 찾는 데 큰 관심을 보인다는 데 착안해 이를 효과적으로 구현할 서비스 설계에 들어갔다.

예를 들어 어느 소비자가 특정 정비소에서 수리받은 후 상세한 리뷰를 올린다. 이 리뷰에는 수리 비용, 소요 시간, 서비스 품질이 포함되어 있어 다른 사용자가 이 정보를 바탕으로 정비소를 비교하고 선택한다. 또한 사용자들의 평가를 종합하여 각 정비소에 등급을 부여하는 시스템을 구축하면 정비소들의 전문성과 신뢰성을 가시화할 수 있다. 소비자는 이 평가 시스템으로 질 좋은 서비스를 쉽게 식별한다. 이러한 정보 공유와 평가 시스템은 소비자가 각 정비소의 실제 서비스 수준을 명확히 이해할 수 있도록 돕는 동시에, 정비소가 질 높은 서비스를 제공할 유인을 제공한다. 결과적으로 시장의 정보 비대칭이 줄어들고, 소비자가 보다 합리적인 결정을 내릴 수 있는 환경이 조성될 것이었다. 즉 소비자의 선택 가능성, 비교 용이성, 신뢰성을 높인다면 자동차 수리 시장을 소비자가 더 합리적인 선택을 할 수 있는 피치마켓peach market으로 바꿀 수 있으리라는 결론에 도달했다. 2012년 카카오 사내 공모전에 아이디어를 출품해 1등을 차지했고, 2013년 자동차 파손 부위를 사진으로 찍어 올리면 수리 서비스센터에서 실시간으로 견적을 알려주는 자동차 수리 견적 비교 베타서비스를 시작했다.

카닥이라는 이름은 원래 '카 도크car dock'에서 유래했지만, '카 닥터car doctor'라는 중의적인 의미로도 받아들여지며 차량의 '의사'라는 이미지가 강화되었다. 앱 출시 후 500일 만에 20만 건 이상의 다운로드와 4만 건의 견적 요청, 그리고 200억 원 이상의 누적 수리 금액을 기록했고 2014년에는 사업성을 인정받아 카카오에서 분사했다.

카닥의 성공 전략 5

카닥은 사람들이 특정 사건이나 정보의 중요성을 판단할 때, 기억에 쉽게 떠오르는 정보에 의존한다는 이용가능성 휴리스틱을 적극 활용한다. 먼저 카닥은 다양한 정비소와 견적 정보를 제공하여 소비자가 접근하기 쉽다. 이는 소비자들이 다양한 정보를 기억하고 선택하는 데 도움을 준다(정보 제공의 용이성). 여러 정비소의 견적을 한눈에 비교하는 기능은 소비자들이 정보를 쉽게 떠올리고 판단하는 데 기여하며(비교의 용이성), 카닥에서 정비 서비스를 이용한 경험이 있는 소비자들이 공유하는 긍정적인 경험은 다시 카닥을 선택할 가능성을 높인다(공유의 용이성). 뿐만 아니라 다양한 마케팅 전략을 통한 브랜드 인지도 향상은 사용자들이 카닥을 쉽게 기억할 수 있도록 했다(브랜드 회상의 용이성). 브랜드 인지도와 더불어 간편한 예약 시스템은 사용자들이 신속하고 효율적인 해결책을 얻을 수 있게 해주었다(문제 해결의 용이성).

이와 같이 다양한 정비소 정보와 비교 견적 기능으로 나타난 카닥의 이용가능성 휴리스틱 활용은 소비자들이 정보를 쉽게 기억하고 선택하도록 도왔고, 간편한 예약 시스템과 긍정적 경험 공유는 브랜드 회상과 문제 해결의 용이성을 높였다.

체리슈머 소비자는 무엇을 원할까?

카닥의 소비자는 차량 수리가 필요하거나 차량의 정기적인 유지 보수를 원하면서도 자동차 수리 비용을 절약하는 합리적인 소비를 선호한다. 이를 위해 인터넷을 검색하거나 커뮤니티에서 다양한 수리 견적을 비교하는 등의 노력을 기울인다. 또한 차량 수리 및 유지 보수를 쉽고 빠르게 처리하고자 하며 편리성을 추구한다. 한편으로는 자신의 차량을 신뢰할 수 있는 우수한 업체에 맡기기를 원하는 등 한정된 자원을 극대화하는 알뜰 소비 전략을 펼치는 체리슈머cherrysumer의 특징도 가지고 있다.

체리슈머는 체리피커에서 진화한 최근 소비 트렌드로, 경제적 부담을 줄이기 위해 실속 있는 소비를 추구하는 소비자를 의미한다. 이들은 제한된 자원을 계획적이고 알뜰하게 활용하며, 주요

소비 전략으로는 '조각 전략', '반반 전략', '말랑 전략'이 있다. '조각 전략'은 필요한 만큼만 구매하는 방식으로, 소량·소포장 상품이 인기를 끌고 있다. 소식좌 트렌드에 맞춰 나온 GS25 쁘띠컵밥이 걸맞은 예시다. '반반 전략'은 공동 구매로 비용을 절감하는 방식으로, 배달 음식이나 OTT 서비스 공유가 해당한다. '말랑 전략'은 고가 상품을 렌트하거나 유연한 계약으로 리스크를 줄이는 소비 방식이다.

새로운 소비 트렌드를
발 빠르게 적용하기

체리슈머의 특별한 요구를 충족하기 위해 카닥은 자동차 수리 시장을 세밀하게 분석하고 세분화했다. 정보의 비대칭성이 심각한 이 시장에서 카닥은 먼저 수입차 소유자와 국산차 소유자를 나누었다. 이 구분을 각 고객 그룹이 추구하는 특정 혜택을 기반으로 더 세분화하여 맞춤 서비스를 제공했다. 특히 수입차 소유자들은 대체로 합리성과 편리성을 중시하며, 수리 과정에서 발생하는 시간과 노력을 최소화하기를 원한다. 주로 고급 차량을 소유한 이들은 효율적이면서도 수월한 서비스를 요구한다. 이러한 니즈를 인식하여 카닥은 처음에는 수입차 외형 수리에 집중했다.

당시 수입차 서비스 시장은 여러 어려움에 직면해 있었다. 먼저 서비스센터의 수가 충분하지 않아서 고객들은 긴 대기 시간을 감수해야 했고, 높은 수리 비용에 부담을 느꼈다. 이러한 상황은 수리업체들에도 부정적인 영향을 미쳤다. 고객 확보가 어려워진 수리업체들은 렉카차 운전자나 수입차 영업사원에게 고객 소개 비용으로 15~25퍼센트의 리베이트를 제공하기도 했다. 이 과정에서 소비자는 정보 부족에 시달릴 수밖에 없고 수리업체는 고객과 직접 만날 통로가 부족하다 보니 시장에는 불신이 팽배했다. 그래서 카닥은 소비자는 자동차 수리를 안심하고 맡길 수 있고 동시에 수리업체는 서비스 품질에 집중할 수 있는 환경을 조성하고자 했다. 즉 고객에게는 다양한 수리 옵션을 비교하고 선택할 수 있는 기회를 제공했고 수리업체에는 고객과 직접 연결될 수 있는 장을 마련해주었다.

다음 단계로 편리함과 신뢰성을 기반으로 투명하고 합리적인 자동차 수리 견적 비교 서비스를 제공한다는 점을 소비자들에게 광고로 어필했다. 실제 카닥의 첫 TV 광고를 보면 이 점을 명확하게 알 수 있다. 이 광고는 '주차장' 편과 '사진촬영' 편으로 제작되었는데, 자동차를 운전하다가 갑작스러운 차량 파손이나 흠집이 생겨 당황하는 운전자 앞에 '곽도원 밴드'가 등장해 송창식의 〈담배가게 아가씨〉를 개사한 노래를 직접 부른다. "우리 동네 정비소들은 다 수리비가 다르다네. 여러 견적 비교해봐야 손해를 안 본다네. 수리 견적 잘 모르는 당신을 위해 나아간다. 카다다다다닥 카닥 카닥 카닥 카닥 견적 비교하러 간다. 손해 없는 내 차 관리앱, 카닥"하며 끝난다. 원래 가사인 "정의의 기사가 나가신다. 아다다다다 아다 아다"를 "카다다다다닥 카닥 카닥"으로 바꾼 것은 매우 재치 있고 흥미로운 설정이다.

카닥 광고

이용가능성 휴리스틱으로 본
카닥의 광고 효과

이용가능성 휴리스틱 측면에서 살펴볼 때 카닥의 광고는 먼저 송창식의 유명한 노래를 개사해 익숙한 멜로디로 소비자에게 친숙하게 다가갔다. 또한 광고 속 "카다다다다닥"이라는 반복적이고 유쾌한 표현은 청각적으로 강한 인상을 주어 기억에 쉽게 남는다. 곽도원과 같은 대중적으로 알려진 배우 역시 소비자들이 광고와 카닥 앱을 더 쉽게 떠올릴 수 있게 도와주면서 고객들의 이용가능성을 높이려는 목적에 맞게 잘 구성되었다. 이는 브랜드 인지도 상승과 함께 차별화된 이미지를 구축하는 데 한몫했다.

데이터 분석에 따르면, 카닥에서 열 명의 고객이 견적 요청을 하면 그중 세 명이 실제로 수리를 진행한다. 전체 온라인 문의에서 실제 거래로 이어지는 평균 매칭률이 3퍼센트인 것을 감안할 때, 매칭률 30퍼센트는 상당히 높은 수준이다. 이는 카닥이 제공하는 서비스가 고객의 요구를 잘 충족해주고 있으며, 추가 매출을 생성할 가능성이 높다는 의미이다. 그러나 외장 수리 서비스는 주로 1년에 한 번 정도 특별한 경우에만 이용하는 저빈도 고관여 서비스다. 고객이 서비스를 자주 이용하지는 않지만, 서비스 관여도는 높다는 것이 특징이다.

이는 곧 꾸준한 사용자 확보가 어렵다는 뜻으로도 해석되는데, 이러한 문제를 해결하고자 카닥은 사업 영역을 고빈도 저관여의 커머스 분야로 확장하기로 했다. 특히 자동차 애프터마켓에서 큰 영역을 차지하는 타이어 교체와 엔진오일 교체 서비스에 주목했다. 2021년 12월에는 타이어 구매부터 장착까지 한 번에 진행할 수 있는 타이어 서비스를 시작했다. 이는 단순한 수리 서비스를 넘어서, 자동차 관리의 다양한 측면을 아우르는 원스톱 서비스로 발전하려는 노력의 일환이다. 이처럼 서비스 범위를 넓혀나가며, 렌탈 서비스와 자동차 보험까지 사업에 포함시킨 카닥은 이제 단순한 차량 수리 서비스 제공자를 넘어, 원스톱 차량 관리 종합 플랫폼으로서 입지를 공고히 하고 있다.

슈퍼앱으로의 확장

앞서 이야기한 것처럼 카닥의 강점은 운전자가 손상된 차량 사진을 카닥 앱에 올리면 5분 내로 대여섯 개 정비소에서 견적을 받아 비교해볼 수 있다는 편리함이다. 운전자는 견적 제공업체와 채팅 상담을 하면서 세부 정보를 확인한다. 이후 가격과 업체의 신뢰도, 위치 등을 비교해 자신이 원하는 수리업체를 선택하기만 하면 된다. 또한 카닥은 사용자의 차량 관련 데이터를 분석해서 맞춤형 서비스를 제공한다. 예를 들어, 200만 건의 견적 요청을 분석해서 고객의 선호를 파악하고, 36만 건의 엔진오일 교체 기록을 활용해서 유지 보수 패턴을 습득한다. 또한 14만 건의 고객 후기는 서비스 품질을 지속적으로 개선하는 데 활용된다. 전국적으로 3,000개 이상의 카닥 파트너 정비소가 네트워크를 형성하고 있어,

고객은 어디서나 신뢰할 만한 서비스를 받을 수 있다.

현재 카닥은 100조 원이 넘는 애프터마켓에서 모두가 만족할 만한 서비스를 제공하기 위해 새로운 기준을 정립해나가는 중이다. 먼저 시장 투명성과 고객 만족도를 극대화할 목적으로 인공지능 기술의 도입을 적극 추진하고 있다. 기술적 혁신의 일환으로, 900만 건에 달하는 외장 수리 사진 데이터를 학습한 AI 프로그램을 개발하여, 사진만으로 차량의 손상 부위 및 수리 필요성을 정확히 진단하는 견적 시스템을 구축했다. 더 나아가, 작업장에서 촬영한 영상을 AI가 차량 번호 및 공정 단계별로 분류하여, 고객이 차량 수리 과정을 시각적으로 이해할 수 있도록 돕는 서비스를 선보일 예정이다.

선두에서 밀리지 않으려면

카닥은 이러한 노력에도 불구하고 치열한 시장 내 경쟁을 극복해나가야만 한다. 카닥은 이미 국내 자동차 O2O 시장에서 주목받고 있는 카수리와 경쟁하고 있다. 2015년 설립된 카수리는 카닥과 유사한 서비스를 제공하며 시장에 안착했다. 후발 주자라 아직 견적 수와 입점 업체 수에서는 카닥에 미치지 못하지만, 고객이 원하는 시간과 장소에 직접 찾아가는 전문 정비 서비스를 제공함으로써 차별화를 꾀했으며, 2023년 3월 기준 누적 이용 건수가 37만

4,000건에 이르렀다.

세차 서비스 부문에서는 갓차와의 경쟁도 치열하다. 갓차는 고객이 원하는 장소에서 세차를 해주는 서비스를 제공하며, "세상 편한 세차"를 모토로 시장에서 입지를 다지고 있다. 이처럼 카닥은 인공지능 기술을 선도적으로 도입하여 서비스 혁신을 꾀하는 한편, 다양한 분야에서 치열한 경쟁을 벌이는 실정이다. 따라서 슈퍼앱으로의 확장으로 다양한 영역에서 경쟁력을 갖추려는 전략적 노력이 요구된다.

슈퍼앱은 단일 애플리케이션 내에서 여러 서비스를 제공하는 통합 플랫폼을 말한다. 사용자는 별도의 앱을 여러 개 다운로드 할 필요 없이 하나의 앱 내에서 다양한 기능과 서비스를 이용할 수 있다. 슈퍼앱은 주로 메시징, 소셜미디어, 결제, 교통, 쇼핑, 예약 서비스 등 일상생활에 필요한 다양한 기능을 통합하여 제공한다. 세계적인 리서치 기관인 가트너Gartner는 2023년도 10대 전략 기술로 '슈퍼앱'을 선정하기도 했다. 슈퍼앱의 대표적인 예로는 중국의 '위챗WeChat', 동남아시아의 '그랩Grab', 인도의 '페이티엠Paytm' 등이 있다.

이들 앱은 단순한 메시징 서비스를 넘어 전자상거래, 결제, 교통, 식사 주문 등 다양한 서비스를 제공하며 사용자의 생활에 깊숙이 관여한다. 예를 들어, 사용자는 위챗 하나로 메시지를 주고받을 수 있을 뿐만 아니라 음식을 주문하고, 택시를 호출하고, 온라인으로 물건을 구매하고, 예약과 결제를 할 수 있다.

　슈퍼앱이 성공하려면 여러 결정적인 요소를 고려해야 한다. 첫째로, 슈퍼앱은 시작 단계에서 강력한 핵심 서비스로 사용자의 초기 관심을 끌고 충성 고객을 확보해야 한다. 이 핵심 서비스는 사용자에게 현저한 가치를 제공하여, 이들이 앱의 다른 기능이나 서비스를 탐색하고 이용하게끔 해야 한다.

　둘째, 서비스 통합은 슈퍼앱의 본질적인 특성으로, 다양한 서비스와 기능을 원활하게 연결하여 사용자에게 종합적인 경험을 제공해야 한다. 이 과정에서 외부 파트너와 협력하여 혁신적이고 다양한 서비스를 계속해서 추가하는 것이 중요하다. 사용자 편의성과 효율성 또한 중요한 요소로, 슈퍼앱은 사용자가 원하는 다양한 기능을 쉽고 빠르게 이용할 수 있도록 설계되어야 한다. 이를 위해서는 직관적인 인터페이스 설계와 사용자 경험 최적화가 필수다. 비즈니스 모델 전환도 중요하게 고려해야 할 부분으로, 기존의 워크플로, 비즈니스 프로세스, 수익 모델을 새로운 시장 조건에 적합한 구조로 재정립해야 한다.

　마지막으로, 통합된 마케팅 및 홍보 전략을 통한 성공적인 론칭과 지속적인 성장이 중요하다. 앱의 가치와 서비스를 명확하고 일관되게 전달하여 사용자와 시장에 슈퍼앱의 존재와 이점을 효과적으로 알리는 것이다. 슈퍼앱의 성공은 이러한 다양한 요소들이 서로 조화롭게 작동할 때 달성될 수 있으며, 시장과 사용자의 변화에 발맞춰 서비스를 지속적으로 개선하고 확장하려는 노력이 필요하다.

카닥이 슈퍼앱으로 진출하여 다양한 차량 관련 서비스를 하나의 플랫폼에서 제공한다면 소비자들이 차량 문제를 떠올릴 때 가장 먼저 카닥을 생각하게 될 테므로 이용가능성이 강화될 수 있다. 예를 들어, 정비뿐만 아니라 세차·주유·보험 같은 다양한 서비스를 제공하면 소비자들이 차량 관리에 필요한 여러 요구를 한 번에 해결할 수 있을 테므로 고객 유지율도 높아질 것이다. 다만 카닥이 성공적인 슈퍼앱으로 자리잡을 수 있으려면 다음과 같은 전략을 적극적으로 고려해야 한다.

첫째, 다양한 차량 관련 상황에서 카닥을 떠올릴 수 있도록 광고 및 마케팅을 기획하여 브랜드 인지도를 확장해야 한다. 기존 광고처럼 유머러스하고 기억에 남는 마케팅 방식을 유지하되, 이를 여러 서비스와 연계한 메시지로 확장하여 카닥의 다양한 기능을 인식시키는 것이 중요하다. 둘째, 사용자 경험을 간소화해야 한다. 직관적이고 간단한 인터페이스를 제공하고, 슈퍼앱 내에서 각 기능 간 전환을 쉽게 하여 소비자가 여러 서비스를 사용할 때 복잡함 없이 빠르게 이동할 수 있도록 해야 한다. 셋째, 카닥이 단순 정비뿐만 아니라 자동차와 관련된 다양한 문제를 담당한다는 점을 적극 홍보하여, 소비자가 어떤 차량 문제든 카닥에서 해결할 수 있다는 인식을 갖도록 해야 한다. 마지막으로, 초기 슈퍼앱 사용자의 리뷰나 추천 시스템을 활성화하여 긍정적 경험을 강조하면 다른 소비자들이 카닥을 쉽게 기억하고 선택할 수 있을 것이다.

국내 최초
테이크아웃 도시락은
어떻게 국민 도시락이 되었을까?

- 한솥도시락과 대표성 휴리스틱

나의 브랜드는
무엇을 연상시키는가?

우리 말 중에 "하나를 보면 열을 안다"라는 표현이 있다. 이 말은 아주 조금의 정보나 경험만으로도 많은 것을 이해하고 추론해내는 인간의 지혜와 통찰력을 드러내는 데 쓰인다. 적은 단서에서 많은 것을 유추하고 파악하는 능력은 분명 인상적이다. 그러나 이 표현은 경계해야 할 사항 또한 내포하고 있다. 사람의 한 가지 행동이나 특성만을 보고 그 사람의 전체적인 성격이나 능력을 평가하는 것은 자칫 위험할 수 있다. 과도한 일반화를 초래할 수 있으며, 때로는 제한된 관찰을 토대로 넓은 범위의 결론을 내리기에 편견이나 오해의 소지가 생긴다.

행동경제학에서 위의 속담과 유사한 의미로 쓰이는 용어가 대표성 휴리스틱representativeness heuristic이다. 이는 어떤 사건이 전체를 대표한다고 판단될 때 이를 바탕으로 빈도와 확률을 판단하는 경향을 말한다. 예를 들어 다음과 같은 문제를 보자.

> "숫자 대신 색이 칠해진 주사위가 있다. 4면은 초록색(G), 나머지 2면은 붉은색(R)으로 칠해져 있다. 이 주사위를 던져서 ① RGRRR ② GRGRRR ③ GRRRRR 세 가지 중 어느 결과가 가장 발생하기 쉽다고 생각하는가?

실제로 88퍼센트가 ② GRGRRR의 발생 확률이 가장 높다고 대답했다. 결과가 첫눈에 이해하기 어려울 수 있다. 확률 계산에 따르면 ① RGRRR의 발생 확률이 실제로는 가장 높기 때문이다.

결과	계산식	확률
RGRRR	(2/6) × (4/6) × (2/6) × (2/6) × (2/6)	0.0082
GRGRRR	(4/6) × (2/6) × (4/6) × (2/6) × (2/6) × (2/6)	0.0055
GRRRRR	(4/6) × (2/6) × (2/6) × (2/6) × (2/6) × (2/6)	0.0027

꼭 계산을 하지 않아도 직감으로도 알 수 있다. 무언가를 여러 번 시도할수록 그 일이 일어날 확률은 더 낮아지기 때문이다. 예를 들어 초록색이 나올 확률이 0.67이라면, 이걸 두 번 연속으로 시도하면 성공 확률이 더 줄어든다. 처음 확률에 또 초록색이 나

올 확률을 곱해야 하기 때문이다. 각 시도는 독립적이라, 한 번의 결과가 다음 시도에 영향을 주지 않는다. 따라서, 계산하지 않아도 여러 번 시도할수록 성공 확률이 줄어든다는 사실을 쉽게 알 수 있다.

$$① \quad \boxed{R \ G \ R \ R \ R}$$

$$② \quad G \boxed{R \ G \ R \ R \ R} = G \times ①$$

그럼에도 88퍼센트의 사람이 ② GRGRRR을 선택한 이유는, 주사위의 6면 중 4면이 초록색이라는 정보에 기반하여 초록색이 더 자주 나올 것이라고 직관적으로 판단했기 때문이다. 이러한 사고 방식은 우리 일상생활에서도 자주 볼 수 있다. 예를 들어, 엘리베이터에 탑승했을 때 옆 사람에게 문신이 있으면 그를 사회적 비주류나 규칙을 어기는 사람으로 인식하고 불안해할 수 있다. 고정된 이미지나 선입견에 기반한 판단으로, 사람들이 특정 집단에 스테레오타입을 가지고 있을 때 나타난다. 범죄 수사 과정에서도 유사한 경향이 나타난다. 특정 인종이나 소수 집단에 부정적인 스테레오타입을 가진 수사관이 범죄자를 찾는 과정에서 잘못된 인물을 추적하거나 체포하는 오류를 범하기도 한다. 대표성 휴리스틱, 즉 소수의 사례나 경험을 바탕으로 전체를 판단하는 경향 때문이다. 대표성 휴리스틱은 때로 유용하고 빠른 판단을 가능하게 하지만,

과도한 일반화와 편향을 초래하여 잘못된 결정이나 판단으로 이어지기도 한다.

스타벅스와 나이키는 어떻게
대표 브랜드가 되었는가?

기업들은 브랜드 인지도와 시장에서의 존재감을 강화하는 데 대표성 휴리스틱을 적절히 활용한다. 특정 브랜드를 상징하는 이미지나 개념을 소비자에게 인식시킴으로써 브랜드에 대한 긍정적인 이미지를 강화하고, 소비자가 브랜드를 쉽게 기억하도록 만든다. 스타벅스의 경우, 커피와 관련된 이미지를 강력하게 활용한다. 특히 커피 재배 지역에서 온 신선한 원두 같은 상징적인 요소를 이용해 스타벅스를 대표적인 커피 문화 공간으로 인식시킨다. 이로써 스타벅스는 단순한 커피 판매점을 넘어 커피 문화의 상징으로 자리 잡았다.

애플은 사과 모양의 로고와 창조적이고 혁신적인 제품을 결합하여 스타일리시하고 고급스러운 브랜드 이미지를 구축했다. 애플을 단순한 기술 회사가 아닌 혁신의 아이콘으로 소비자에게 각인시키려는 전략이다. 나이키는 세계적으로 유명한 운동선수들과 협력하는 방식으로 브랜드 이미지를 강화했다. 농구선수 마이클 조던Michael Jordan과의 협력으로 '에어조던Air Jordan' 라인을, 테니스선

수 존 매켄로John McEnroe와는 '맥어택Mac Attack' 라인을 출시하며 스포츠 소비자들 사이에서 최고의 스포츠화 브랜드로 인식되었다.

이 기업들은 브랜드와 관련된 상징적인 이미지를 바탕으로 대표성을 강화하여 시장에서 리더의 자리를 점유했다. 이처럼 브랜드를 떠올렸을 때 곧바로 연상되는 무언가가 있어야 소비자가 브랜드를 인식하고 기억하는 데 용이하다. 따라서 대표성 휴리스틱의 적절한 활용은 브랜드 확장과 시장에서의 지속 가능한 성공에 필수적이다.

국내 최초 테이크아웃
도시락 브랜드를 만들다

재일교포 2세인 이영덕 회장은 일본 2위 도시락 브랜드인 '혼케 가마도야本家かまどや'의 사장이자 재일교포 선배인 김홍주 회장에게 도시락 사업의 기술과 노하우를 이어받았다. 이 지식을 바탕으로 한국에 '테이크아웃' 도시락 문화를 도입하고자 결심했다. 비전을 실현하기 위해 1993년 종로구청 앞 8평짜리 가게에서 한솥도시락 1호점을 개업했다. 당시 한국의 외식 시장에서 테이크아웃 개념은 매우 생소했으며, 도시락 사업은 주로 배달에 의존하고 있었다. 말 그대로 엄청난 모험을 감행한 셈이었다. 그는 일본의 도시락 체인에서 3년간 교육을 받으면서, 배달 비용을 줄이면 소비자 가격을 낮출 수 있다는 결정적인 통찰을 얻었다. 이런 전략적인 결정에 힘입어, 이영덕 회장은 한국에서 테이크아웃 도시락이라

한솔도시락 광고

는 새로운 콘셉트를 고수했다. 그의 결정은 시장에서 큰 성공을 거두었고, 1호점은 개점 초기부터 고객들이 줄을 설 정도로 큰 인기를 끌었다. 초반 성공은 지속적으로 확장되어 1997년에는 100호점을, 2012년에는 600호점을 넘어섰고, 2021년 6월 기준 740호점까지 성장했다.

한솔도시락의 가맹점 수가 빠르게 증가한 비결은 이용의 편리성과 접근성에 있었다. 회사는 가맹점주가 되고자 하는 이들에게 총 3주간의 교육 프로그램을 제공한다. 교육 과정에서는 위생 안전, 고객 응대, 마케팅, 노무 관리, 세무 처리 등 필수 지식을 전달한다. 체계적인 교육을 받은 가맹점주들은 복잡한 사업 과정을 쉽게 이해하고 실제 매장 운영에 이를 적용한다. 한솔도시락의 가맹교육은 특이하게도 두 명씩 조를 이루어서 수강해야 한다. 테이크아웃 도시락 매장을 표방하는 만큼 매장 운영 중 한 명이 부득이하게 자리를 비워도 다른 한 명이 매장을 운영할 수 있도록 하기 위해서다. 또한 전체 메뉴의 90퍼센트 정도를 냉동·냉장 상태의 반조리 형태로 공급하기 때문에 품질과 맛이 일정하다. 가맹점주는 특별한 요리 기술 없이도 전자레인지나 중탕을 사용해 쉽게 조리할 수 있고 고객은 일관된 품질의 식사를 제공받을 수 있다. 테이크아웃 서비스를 안정적으로 유지하면서도 고객 불만을 최소화하는 방법이었다.

위기가 독점을 만들다

2000년 환경부의 결정으로 도시락업계는 큰 변화를 맞이했다. 특히 플라스틱 용기 사용 금지 조치는 도시락업계에 파장을 일으켰다. 대부분의 영세 도시락 업체가 경제적 어려움을 겪으며 도산했고, 편의점 도시락도 시장에서 사라졌다. 그러나 전체 플라스틱 사용량 가운데 도시락 업체가 차지하는 비중은 0.01퍼센트에 불과했다. 더욱이 플라스틱을 대체할 만한 다른 도시락 용기가 부족했다. 이러한 상황에서 한솥도시락은 굴복하지 않고 본사 차원에서 행정소송을 제기하여 대부분 승소했다. 결국 2008년에 이르러서야 정부는 도시락 업체의 플라스틱 사용 제한 규제를 철회했다. 그러나 8년이라는 긴 시간 동안 도시락 판매 가맹점들은 지방자치단체로부터 과태료를 부과받는 등 큰 피해를 입었다. 또한 이 기간 동안 신규 가맹점을 확보하는 데도 큰 어려움을 겪었다.

고난은 경쟁 업체들에도 동일하게 적용되었다. 많은 업체가 압박을 버티지 못하고 문을 닫았다. 그러나 한솥도시락은 어려움 속에서도 자신만의 브랜드 철학을 굳건히 유지했다. 한솥도시락이 국내 도시락 시장에서 독보적인 위치를 차지하며 테이크아웃 도시락의 대표 브랜드가 될 수 있었던 것은 바로 "따뜻한 솥밥, 정직한 솥밥, 건강한 솥밥"이라는 기치 아래, 고난을 견뎌냈기 때문이었다.

국민 도시락이 되기까지 한솥은 가맹점 이름 하나를 지을 때도 디테일에 신경을 많이 썼다. '한솥도시락 ○○점'이라는 일반적인 명칭 대신, 위치를 구체적으로 나타내는 '노량진 청탑학원옆점', '성신여대앞점', '가양역 6번 출구앞점', '춘천 강원대 후문앞점', '거제 대우조선중문점' 등의 명칭을 사용함으로써 소비자에게 더 친근하고 알기 쉬운 이미지를 제공했다. 이러한 전략은 소비자가 해당 가맹점을 쉽게 찾고, 기억에 남도록 하는 데 크게 기여했다.

한솥도시락의 운영 철학은 항상 소비자에게 가성비 좋은 도시락을 제공하는 것이었다. 이는 가맹점의 운영 우선순위에서도 항상 최우선으로 고려되었다. 시장 상황이 변하고 물가가 상승해도, 한솥도시락은 가격 인상을 최대한 자제함으로써 소비자 부담을 줄이고 가격 저항을 최소화하는 데 집중했다.

또한 한솥도시락은 소비자 의견에 귀를 기울이는 것으로 유명하다. 예를 들어 자사 공식 SNS 채널에서 진행한 '2021년 신메뉴 어워즈'에서 고객 요청이 쇄도한 파스타 3종 메뉴를 재출시하기로 결정하는 등 고객 의견을 적극 반영했다.

"따뜻한 솥밥, 정직한 솥밥, 건강한 솥밥"이라는 브랜드 철학은 가맹점과의 관계에서도 그대로 드러났다. 한솥도시락은 고객 못지않게 가맹점과의 관계를 중시하고, 지금까지 가맹점과의 분쟁이나 법적 소송이 거의 없었다. 지금이야 한솥도시락 본사 이익률이 5퍼센트, 가맹점 이익률이 20퍼센트를 유지하고 있지만, 창업 초기 6~7년간은 재무제표상 적자였다. 그럼에도 김치는 100퍼센트 국내산 재료로 만들고, 쌀은 강화도에서 재배한 신동진 햅쌀을 계약하는 등 가맹점에 좋은 품질의 식자재를 적정 가격에 공급하고자 꾸준히 노력했다.

최근 국민도시락 한솥은 "건강, 정직, 따뜻함"이라는 브랜드 철학을 고객과 가맹점을 넘어 사회로까지 넓히며 친환경 경영을 실천하고 있다. 일례로 한솥도시락은 프랜차이즈 업계 최초로 '한솥 무세미'라는 단일 품종의 쌀을 출시하여 전국 매장에 공급했다. 무세미는 쌀겨로 문지르는 신기술 세척 방식으로, 영양소 손실을 최소화하면서도 쌀을 씻지 않아도 되어 물 사용량을 연간 3만 톤 이상 절약한다. 또한 한솥도시락은 폐페트병을 재활용해 친환경 근

한솥도시락의 친환경 캠페인

무복을 제작하고, 다회용 수저세트를 출시하는 등 지속 가능한 환경 보호 활동을 펼치고 있다. 지구 맑음 프로젝트 '착! 한솥 캠페인'은 ESG(환경보호, 사회공헌, 윤리경영) 경영을 실천하려는 노력의 일환이다. 지속 가능한 경영 방침과 사회적 기여 덕분에 한솥도시락은 UN 지속가능발전목표SDGs; Sustainable Development Goals 협회에서 주관하는 '글로벌 지속 가능 브랜드 40'에 선정되었다. 국내 프랜차이즈 업계 최초의 일이었다. 한솥도시락의 브랜드 철학이 국제적인 인정을 받았음을 보여주는 사례였다.

1인가구를 위한 6S 마케팅

한솥도시락 가맹점 수가 빠르게 증가한 것은 1인가구Single의 성장이 큰 몫을 했다. 1인가구는 미혼 남녀도 있지만 100세 시대에 늘어난 고령 인구도 있기에 앞으로도 1인가구를 대상으로 한 비즈니스 기회는 지속해서 늘어날 것이다. 여기서는 1인가구를 대상으로 비즈니스를 할 때 기억해야 할 마케팅 원칙을 소개하려고 한다. 바로 6S 마케팅으로, 정리해보면 다음과 같다.

작고 심플하게

첫 번째 S는 스몰small이다. 1인가구를 대상으로 한 제품은 작아야 한다. 한 번에 한 잔의 커피를 빠르고 간편하게 만들어주는 개인용 커피머신이 싱글 라이프스타일을 지향하는 사람들에게 사랑받고 있는 것처럼 말이다. 대표적으로 네스프레소^{Nespresso}는 개인용 커피머신에서 사용 가능한 고품질 커피를 소량 포장한 커피 캡슐을 제공함으로써 소비자에게 새로운 경험을 선사했다. 네스프레소의 소형 커피 캡슐은 편리함과 개인 맞춤형 경험을 제공한다. 소비자는 필요할 때마다 각각의 캡슐을 사용하여 신선한 커피를 즐길 수 있다. 저장 공간을 적게 차지하며, 커피의 신선도를 유지하는 데도 효과적이다. 또한 다양한 종류의 커피를 시도해볼 수 있으며, 자신에게 맞는 커피를 선택하여 사용할 수 있다. 나아가 사용한 캡슐을 재활용하는 프로그램을 도입함으로써 환경에 책임까지 다하고 있다. 소비자에게 책임감 있는 소비를 유도하는 동시에 제품의 소형화가 환경에 미치는 영향을 줄이는 방식이다. 소비자 요구를 충족시키는 동시에 지속 가능한 소비를 장려하는 셈이다.

두 번째 S는 슬림^{slim}이다. 군더더기를 뺀다는 뜻이다. 레노보의 요가^{Yoga} 시리즈는 슬림하면서도 유연한 디자인을 특징으로 하며, 사용자에게 다양한 모드(노트북, 태블릿, 텐트, 스탠드 모드 등)를 지원한다. 캐논의 파워샷^{PowerShot} 시리즈 역시 작고 가벼우면서도 고성능을 자랑하는 카메라로, 휴대성을 중요시하는 사용자에게 적합하다. 2023년 출시한 LG전자의 이동식 무선 스크린 스탠바이미 Go는 "어디서나 즐기는 나만의 스크린"이라는 슬로건처럼 배터리를 내장하고 있어 전원 연결 없이도 사용할 수 있고 내장 스피커를 탑재하고 있어 별도의 스피커가 필요하지 않다. 또한 크기가 작고 무게가 가벼워 가방에 넣어서 가지고 다닐 수 있으며 화면을 가로 또는 세로로 회전할 수 있다. 이런 이점 덕에 제품 사전 판매 10분 만에 초도 물량이 모두 판매되었고, 라이브방송 사전 알림 신청이 2,000건을 웃돌았으며, 라이브 방송 전체 접속자 수가 11만 명을 넘을 정도로 많은 관심을 받았다.

세 번째 S는 심플simple이다. 꼭 필요한 기능만을 넣는 것이다. LG는 '미니멀라이프'를 지향하는 소비자들을 위해 공간을 적게 차지하면서도 필요한 기능을 탑재한 소형 세탁기, 미니 냉장고, 콤팩트 오븐 등을 선보였다. 이케아IKEA는 공간 활용을 극대화하는 심플한 가구 디자인으로 유명하다. 이케아의 다기능 가구, 예를 들어 접이식 테이블이나 벽에 설치하는 책장은 1인가구의 공간 제약 문제를 해결하는 데 이상적이다. 이러한 제품들은 사용하지 않을 때는 접어서 보관할 수 있어서 공간 활용성을 높인다. 무인양품은 심플한 디자인의 생활용품과 가구로 잘 알려져 있다. 불필요한 장식을 배제하고 기능성과 실용성에 중점을 둔 무인양품의 제품들은 1인가구의 간결하고 실용적인 생활을 지원한다. 예를 들어, 무인양품이 제안하는 '콤팩트 라이프'는 제한된 공간에서도 최대한의 수납 효율을 제공한다.

효율적이면서도 강력하게

네 번째 S는 스피드speed다. 시간을 단축해야 한다. 다기능 전기 압력솥인 인스턴트팟Instant Pot은 한 개의 기기로 쌀을 지을 수도, 스튜를 만들 수도 있으며, 심지어 케이크까지 구울 수 있어서 식사 준비 시간을 크게 단축한다. 독일 베를린에서 시작한 밀키트 배달 서비스 헬로프레쉬HelloFresh도 고객에게 요리 원재료와 요리법을 제공하면서 고객이 집에서 간편하고 빠르게 질 좋은 음식을 만들 수 있도록 지원한다. 또한 고객의 식성과 라이프스타일에 따라 맞춤형 패키지를 제공하며, 구독 경제를 활용한 락인lock-in 효과로 고객을 유치하고 있다. 스마트 주방 가전인 아노바Aanova 정밀 조리기는 바쁜 현대 생활에 적합한 주방 도구다. 앱에서 원격으로 조리 온도와 시간을 설정할 수 있으며, 정밀한 온도 제어로 음식 조리가 가능하다. 이러한 기능은 바쁜 일상에서도 고급스러운 식사를 준비하고 싶은 1인가구가 시간을 효과적으로 관리하고 요리 과정을 간소화할 수 있도록 도움을 준다.

다섯 번째 S는 슈퍼super다. 다이슨Dyson은 강력한 무선 청소기와 공기청정기로 유명한데 이들 제품은 고성능, 혁신적인 디자인, 사용의 편리함으로 많은 1인가구에게 사랑받았다. 또한 블렌텍Blendtec은 세계에서 가장 안전하고 강력한 블렌더를 제조하며, 세계 유명 음료 체인점들에서 사용하는 믹서기로 알려져 있다. 고성능 블렌더를 사용하면 단 몇 초 만에 과일과 채소를 갈아 넣은 건강한 스무디나 주스를 만들 수 있다. 2006년에는 'Will It Blend?'라는 바이럴 마케팅 캠페인을 진행했는데, 블렌텍의 창업자 톰 딕슨Tom Dickson이 아이팟, 아이폰, 대리석, 골프공, 리모콘 등 다양한 비식품 품목을 강력한 블렌더로 갈면서 자사 제품의 강력함을 실감 나게 보여주었다. 캠페인 이전 1만 명 미만이던 유튜브 채널 구독자 수가 캠페인 후에는 150만 명 이상으로 늘었고, 2006년 1500만 달러였던 매출이 2010년에는 4000만 달러를 넘어선 뒤 2023년에는 전 세계적으로 100만 대 이상의 블렌더가 판매되었다.

여섯 번째 S는 안전safe이다. 특히 여성 1인가구에게 안전은 매우 중요하다. 필립스Philips의 휴Hue 스마트 조명은 집안의 조명을 원격으로 제어할 수 있는데, 집이 비어도 누군가 있는 것처럼 보이게 할 수 있어 혼자 사는 사람에게 유용한 안전 기능을 제공한다. 서울시는 계속해서 증가하는 여성 1인가구 범죄를 예방하고 불안감을 해소하고자 전 자치구에 '안심홈세트'를 지원했다. 이 세트에는 '현관문 이중잠금장치', '휴대용 긴급벨', '창문잠금장치', '스마트안전센서' 등이 포함되어 있다. 휴대용 긴급벨은 위기 상황이 발생했을 때 벨을 당기면 경보음이 발생함과 동시에 지인과 112에 자동으로 메시지가 전송된다. 또한 일본이 개발한 돌봄로봇 '파로PARO'는 새끼 물범을 본떠 만들어졌는데 인형처럼 부드러운 인공 털로 덮여 있어 촉감으로 환자를 진정시키는 효과가 있다고 한다. 특히 경증 치매 환자, 자폐스펙트럼 환자, 암 환자의 소통·보행 능력 향상에서 치료 효과를 인정받아 미국 식품의약청 U.S. Food and Drug Administration; FDA 승인을 거쳐 전 세계 30개국 병원과 요양시설에 5,000개 정도가 보급되었다. 이외에도 다양한 돌봄로봇이 혼자 사는 노인들의 운동 및 두뇌활동을 돕거나 약 복용 시간을 알려주고 혈압을 체크하는 등 간호 서비스를 제공하고 있다. 의사소통이 가능해서 혼자 살거나 외부 활동이 어려운 노인의 외로움을 달래주는 역할도 하고 있다.

이처럼 6S 전략은 단순히 트렌드를 따르는 것을 넘어 진정한 가치와 편리함을 제공함으로써, 싱글 소비자의 마음을 사로잡고 효율적이고 효과적인 마케팅을 실현할 수 있다. 작은 변화가 큰 차이를 만들듯, 6S를 적절히 활용해 고객의 삶에 더 가까이 다가가고 더 나은 경험을 제공하는 것이 중요하다.

4부

작은 브랜드는
어떻게 혁신하는가?

10

브랜드 정체성을 살린
콜라보레이션

- 곰표와 차이식역

브랜드 콜라보를
성공시키는 방법

최근 기업들은 콜라보레이션collaboration(이하 콜라보) 마케팅을 활용해 새로운 기회와 가치를 창출하고 있다. 콜라보 마케팅은 두 개 이상의 브랜드 또는 기업이 서로 협력하여 공동으로 마케팅을 진행하면서 시너지 효과를 발생시키려는 전략이다. 하나의 브랜드만으로는 충족하기 어려운 고객층의 이해관계나 이타적 가치를 공유하여 상호호혜 효과를 볼 수 있으며, 다양한 채널과 매체에서 브랜드 노출이 증가하여 브랜드 인지도가 향상되기도 한다. 무엇보다 콜라보 마케팅은 기업이 변하고 있다는 점을 고객에게 드라마틱하게 보여준다. 이렇듯 콜라보 마케팅은 기업에 새로운 기회를 제공하는 전략으로, 기업은 이를 적극적으로 활용하여 고객에게 차별화된 경험을 제공하고 브랜드 가치를 높이려 한다.

얼마나 어떻게 변화를 줘야 할까?

소비자 심리를 고려할 때 중요한 개념이 있다. 바로 차이식역^{Just} Noticeable Difference; JND이다. JND라고도 불리는데, 지각적으로 구분할 수 있는 최소한의 차이(변화)를 의미한다. 다시 말해, 차이식역 이상의 변화가 있어야 두 자극의 차이를 구별할 수 있다. 이 개념은 19세기 독일의 심리학자 구스타프 페히너^{Gustav Fechner}에 의해 발전되었으며, '차이역^{difference threshold}' 또는 '최소차이^{minimal} difference'로도 알려져 있다.

차이식역은 자극 변화는 자극의 초기 강도에 비례하여 인식된다는 베버의 법칙^{Weber's Law}과도 깊은 관련이 있다. 예를 들어 가격을 1만 원 인상하더라도 2만 원에서 3만 원으로 인상하면 소비자는 그 차이(변화)를 바로 인식하지만, 20만 원에서 21만 원으로 인상하면 그 차이를 인식하지 못한다. 일반적으로 소비자의 차이식역은 10퍼센트 이상이고, 2만 원에서 3만 원은 50퍼센트나 인상된 반면, 20만 원에서 21만 원은 5퍼센트밖에 인상되지 않았기 때문이다.

차이식역은 앞서 이야기한 가격 인상뿐만 아니라 기업이 브랜드 로고나 패키지를 변경할 때 같은 다양한 상황에서 사용된다. 차이식역은 소비자의 긍정적·부정적 반응에 깊이 관여하기 때문에 매우 중요하다. 고객이 원하는 변화(기능, 디자인 혁신 등)인 경우에는 차이식역을 넘을 정도의 변화가 있어야 한다. 그래야 소비자가 새로운 제품이나 서비스를 더욱 매력적으로 느낀다. 반면 고객이 원하지 않는 변화(가격 인상 등)는 변화의 폭을 차이식역 내로 제한해서 변화를 인식하지 못하도록 해야 소비자 불만을 최소화하고 브랜드 이미지를 유지할 수 있다.

디지털카메라 등장 초기에는 화소가 가장 큰 차별화 요소였다. 화소가 높을수록 더 좋은 해상도의 사진을 찍을 수 있었고, 100만 화소, 300만 화소, 500만 화소 등 신제품이 나올 때마다 사람들은 얼마나 더 좋은 해상도의 디지털카메라가 나올지 궁금해했다. 그러다가 1000만 화소를 넘어서면서부터는 1000만 화소나 1200만 화소의 차이를 인식하기 어려워졌다. 그러자 카메라 시장은 화소보다 야경 사진의 품질이나 동영상 화질처럼 좀 더 차이가 한눈에 보이는 기능으로 관심을 옮겼다.

한편 기업은 기존 로고를 바꿀 때도 차이식역을 적극적으로 활용한다. 예를 들어 애플 로고의 경우 1976년과 1977년 사이의 변화는 매우 극적이다. 단순히 로고의 변화가 아닌, 회사 정체성의

1976년   1977년   1998년   2001년   2007년   2017년

애플 로고 변천사 (출처 : 애플)

하이네켄 초창기 로고와 최근 로고 (출처 : 하이네켄)

대변혁을 보여주는 듯하다. 그러나 그 후의 로고 변화는 미비하
다. 2001년부터 2017년 사이에는 눈에 띄는 변화가 거의 없어 소
비자들이 거의 인지하지 못할 정도다.

세계적인 네덜란드 맥주, 하이네켄의 로고도 마찬가지로 초창
기와는 많이 바뀌었지만 1966년 로고를 현재와 유사한 모양으로
만든 후에는 지금까지 변화가 거의 느껴지지 않을 정도로 조금씩
변화시켰다. 1863년 네덜란드에서 설립된 하이네켄은 하면발효
라는 새로운 양조 방식의 라거맥주와 암스테르강 물을 사용한다
는 전략으로 차별화에 성공했다. 그래서 초기 로고에는 암스테르
담 지명과 전 세계 맥주의 70퍼센트를 차지하고 있던 필즈너 계열
의 라거맥주라는 점을 전면에 부각했다.

1966년부터는 필즈너보다 하이네켄이라는 브랜드를 강조했고,
1974년부터는 타원형 레이스트랙 디자인을 채택했다. 초록색이
라는 하나의 컬러를 내세우고 라벨, 제조법을 유지하면서 통일된

이미지를 가져갔다. 하이네켄 로고에는 빨간 별이 있는데 이 별은 하이네켄의 정통성을 상징하며, 다섯 꼭짓점은 각각 '불, 땅, 물, 공기, 마법'을 의미한다. 소비자들이 맥주를 마실 때 '마법'과 같은 일이 일어난다는 상징이지만 과거에는 빨간 별이 나치와 공산주의를 연상시킨다고 하여 40여 년 동안 별을 빨간색으로 채우지 못하다가 소련이 붕괴된 1991년 이후에야 다시 빨간색으로 칠한 별을 사용할 수 있었다.

하이네켄처럼 차이식역을 활용하여 로고를 변경하면 소비자들에게 회사 변화를 인식시키고, 브랜드 이미지를 강화할 수 있다. 한편으로는 소비자가 혼란을 느끼지 않도록 기존 로고와 유사한 디자인을 유지하면서 변화를 강조할 수 있다. 이처럼 차이식역은 눈에 띄게 변화를 주어야 하는 순간과 조용히 변화를 진행해야 할 때를 결정하는 데 중요한 역할을 한다.

사람도 마찬가지다. 드라마를 보면 사랑하는 사람과 헤어진 주인공이 머리를 짧게 자르거나 염색을 하는 등의 변화를 주면서 심경의 변화를 관객에게 드러낸다. 이 역시 차이식역과 관련이 깊다. 과거 한 드라마에서는 배신을 당해 죽을 뻔한 여주인공이 얼굴에 점 하나만 찍고 등장했다. 그녀를 못 알아보는 극중 인물들에 시청자가 황당해한 것은 차이식역 측면에서 이해할 수 없는 설정이었기 때문이다. 그럼에도 드라마가 대박이 나고, 이 설정이 오히려 밈meme을 만들어 확대재생산 된 것은 흥미로운 사례다.

모든 변화가
좋은 것은 아니다

브랜드에 변화를 계획하고 있다면 다음과 같은 원칙을 기억하는 것이 좋다. 첫째, 연속성을 유지하면서 변화하고자 한다면 점진적인 변화를 추구한다. 예를 들어 렉스마크^{Lexmark}는 IBM의 오피스제품 라인을 인수하여 브랜드를 5년간 사용하기로 하면서, IBM의 이미지를 없애고 렉스마크의 이름을 부각할 점진적인 전략을 수립했다.

1단계 : IBM Laserprinter 10 (IBM 전면 부각)

2단계 : IBM LaserPrinter 10 by LEXMARK (보증브랜드 전략)

3단계 : LEXMARK 위에 작게 IBM Laser Printer 10 by
  (LEXMARK 중심 전략)

4단계 : LEXMARK LaserPrinter 10 (LEXMARK 전면 부각)

둘째, 기존 브랜드를 없애고 신제품을 출시할 경우에는 소비자와 브랜드 사이의 관계를 고려해야 한다. 예를 들어 2011년 J. C. 페니^{J. C. Penny}는 기존의 할인 및 쿠폰 전략이 고객의 신뢰를 떨어뜨리고 브랜드 이미지를 손상시킬 것을 우려해 기존 할인 및 쿠폰 전략을 폐기하고, 더 투명하고 단순하게 가격을 제공하겠다며 공정가격fair and square pricing 정책을 도입했다. 이를 위해 단순성(소비자가 쉽게 이해하고 비교할 수 있도록 가격 단순화), 투명성(할인이나 쿠폰 없이 제시된 공정한 가격을 소비자에게 투명하게 공개), 일관성(변화 없이 지속적으로 유지) 원칙을 도입했다. 하지만 소비자들에게 더 나은 쇼핑 경험을 제공하겠다는 목적과 달리 결과적으로는 할인 및 쿠폰을 선호하던 고객들이 대거 이탈하면서 매출이 급감했고, 기존의 할인 전략으로 돌아와야 했다.

한편 2009년, 트로피카나Tropicana는 디자인 현대화를 목표로 로고를 변경했다. 디자인 변경 후 2개월 동안 트로피카나의 판매량은 기존보다 20퍼센트 정도 감소했고 소비자의 부정적인 반응이 많아졌다. 소비자 인식과 선호도를 고려하지 않았기 때문이다. 트로피카나의 빨대 로고와 오렌지 이미지는 오랫동안 소비자들에게 트로피카나가 신선한 주스라는 인식을 주었다. 그런데 새로운 로고는 이러한 인식과 선호도를 고려하지 않고 현대적인 디자인을 추구하다 보니 급격한 변화로 인한 소비자의 혼란이 가중되었다.

트로피카나의 패키지 변화 (출처 : 트로피카나)

결국 트로피카나는 400억 원을 들여 오렌지에 꽂힌 빨대 로고로 복귀했다. 이는 '오렌지에서 직접 뽑아먹는 것처럼 신선한 주스'라는 상징성과 기존 로고를 향한 소비자들의 충성심을 이해하지 못한 데서 온 실수라 할 수 있다.

셋째, 자기 브랜드에 가장 적합한 분위기로 포지셔닝해서 차이식역을 인식시켜야 한다. 예를 들어 블루보틀^{Blue Bottle}은 '신선한 원두를 매일 6파운드만 로스팅하고 48시간 이내에 사용한다'는 원칙을 만들어 고객 중심의 하이엔드 커피 서비스를 제공하고 있다. 나아가 고객이 홈페이지에서 원하는 입맛에 맞는 커피를 찾을 수 있도록 안내하며 서비스를 구독하면 하이엔드 제품을 집에서 즐길 수 있도록 원두를 보내준다. 오프라인에서도 무료 수업을 받을 기회를 제공하면서 대중적인 스타벅스와의 차별화를 부각했다.

브랜드 퍼스낼리티를 잃지 말 것

2017년 12월 슈퍼주니어 신동이 예성, 김희철과 함께 마마 어워즈MAMA Awards 참석을 위해 홍콩으로 가는 모습이 카메라에 잡혔다. 곰표 콜라보의 역사는 이 한 장의 사진에서 시작되었다. 우연히 이 사진을 본 곰표 직원이 신동이 입은 티셔츠에 곰표 글씨를 발견한 것이다. 곰표 로고로 제품을 만든 적이 없던 회사에서는 직원의 이야기를 듣고 상황 파악에 나섰고, 빅사이즈 옷을 만들어 판매하는 4XR이라는 의류업체가 로고를 무단 도용한 사실을 알아냈다. 만약 당신이 기업 담당자라면 어떻게 했겠는가? 가장 손쉬운 방법은 상표권 도용으로 소송하는 것이다. 그런데 놀랍게도 곰표는 4XR에 협업을 제안했다. 4XR이 빅사이즈의 옷을 판매하는 브랜드이다 보니 곰의 푸근하고 친근한 이미지에 적합했고 연예인이 편하게 입을 정도면 제품으로 만들어도 승산이 있을 거라는 판단이 들었기 때문이다. 2018년 7월 4XR과 협업해 다섯 가지 디자인으로 100매씩 만든 한정판 곰표 티셔츠는 완판됐고, 2019년 11월 출시한 곰표 패딩도 없어서 못 팔 정도였다. SNS에서 제품 구매에 성공한 사람들의 성공담이 돌 정도였다.

첫 번째 성공적인 콜라보 이후, 스와니코코Swanicoco와 만든 곰표 밀가루 쿠션은 실제 밀가루 성분을 첨가했고, 뷰티 방송 '겟잇뷰티'에서 1위를 기록했다. CJ CGV와 협력한 '왕곰표 팝콘'은 20킬로그램 곰표 밀가루 포대에 담아 5,000원에 판매되었는데, 새벽 6~7시부터 CGV에 줄을 서는 진풍경이 만들어졌다. 또한 밀과 보리를 활용한 곰표 밀식혜는 출시 5일 만에 식혜 브랜드에서 1위를 차지했다.

가장 큰 호응을 얻은 제품은 곰표와 세븐브로이7Bräu가 협업하여 출시한 '곰표 캔맥주'였다. 이 맥주는 세븐브로이의 수제맥주 제조 기술로 만들어졌으며, 롯데칠성음료가 위탁 생산했다. 2020년 5월 출시 이후, 사흘 만에 초도물량 10만 개가 판매되었고, 월 20만 개에서 300만 개로 생산량을 늘려도 꾸준히 완판을 기록했다. 2021년 6월 기준 하루 평균 17만 캔이 판매되며 누적 판매량이 6000만 캔에 달해 편의점 판매 맥주 1위에 올랐다. 곰표 캔맥주의 인기는 안주로 만든 '곰표 나초'로도 이어졌다.

곰표 맥주의 성공은 곰표 브랜드 이미지와 수제맥주 제조 기술,

위탁 생산과 판매 등 다양한 요소가 결합하여 이루어졌고, 대중들의 취향과 선호도를 고려한 제품 개발과 마케팅 전략도 중요한 역할을 했다.

한 번의 이벤트로 끝날 수도 있던 협업이 이후 식혜, 막걸리, 스낵, 맥주, 화장품, 세제 등 20개 이상의 제품으로 확대된 것은 곰표 마케팅팀의 절박함 때문이었다. 2017년 당시 '밀가루 하면 떠오르는 브랜드'에 곰표를 답한 20~30대는 20퍼센트에 불과했다. 만약 한 번의 협업으로 끝나면 95퍼센트의 매출이 기업 간 거래에서 발생하는 브랜드 속성상 언제든 다시 잊힐 우려가 있었다. 그래서 곰표는 다양한 브랜드와 적극적으로 협업해 새로운 제품을 출시하며 대중들에게 더욱 다양한 경험을 제공했다. 이러한 노력은 곰표의 브랜드 이미지를 더욱 강화했고, 곰표가 대중의 사랑을 받는 브랜드로 자리 잡는 데 큰 역할을 했다.

원칙 없이 롱런 없다

대한제분은 1952년 12월 25일 설립되었지만 곰표라는 이름은 1955년 창경원에 국내 최초로 선보인 북극곰을 보면서 시작되었다. 이후 67년간 유지된 곰표가 새롭게 관심을 끌게 된 것은 레트로 감성을 현대적이고 펀fun하게 재해석하여 인기를 얻으면서였다. 곰표는 더 이성적이고 냉철한 전문성을 표현하기 위해 흰색에

| 1950년대 초
~1980년대 말 | ~2000년대 초 | ~2016년 | 현재 |

곰표의 로고 변천사

서 민트색으로 로고 컬러를 변경했다. 나아가 고개를 살짝 들어 미래를 바라보는 듯한 모습으로 진취성을 표현했다.

변신의 배경에는 성공적인 협업이 있었다. 협업이 성공할 수 있던 것은 곰표가 '진짜' 협업을 했기 때문이다. 즉 단순히 브랜드를 빌려주는 것이 아니라 재미, 반전을 기반으로 제품을 차별화하기 위해 짧게는 3개월 길게는 1년간 기획 및 개발을 함께했다. 필요한 경우 아이디어는 물론이고 디자인까지 지원하는 등 진정성 있게 제품을 개발했다.

2021년 5월 27일에는 대한제분이 조리법을 개발하고 국내 대표 닭고기 전문기업 하림에 생산을 맡긴 '안녕! 곰표 치킨너겟'을 출시했다. 수많은 콜라보 성공에도 불구하고 로열티 수익만으로는 큰 매출을 일으키지 못했기에, 기존에 진행하던 브랜드 라이센싱을 넘어 직접 생산과 판매를 시작한 것이다. 물론 이전에도 곰표 국수에 육수 팩과 양념을 넣은 '곰표 오리지널 국수'를

곰표 콜라보

이마트24에 출시한 적이 있었지만, 치킨너겟은 식품문화 브랜드로 성장하고픈 곰표의 첫 번째 도전이었다.

곰표는 다양한 기업과 콜라보를 진행하면서도 무분별한 협업을 제한하는 협업 기준을 세웠다. 첫째, 곰표 아이덴티티(밀가루)와의 연관성이다. 예를 들어 하얀 밀가루와 연관된 미백 기능의 팩트, 기름때를 제거할 때 밀가루를 썼다는 점을 활용한 주방세제, 밀누룩 효모를 넣은 막걸리, 밀눈을 넣은 아이스크림, 곰표 밀가루로 만든 밀떡볶이가 모두 이 기준에 맞춰 만들어졌다.

둘째, 재미와 반전이다. 데이비드 아커David Aaker는 브랜드도 사람처럼 개성personality을 갖는다고 했다. 브랜드가 소비자에게 특정 인상이나 감정을 전달하려는 것을 '브랜드 퍼스낼리티brand personality'라고 한다. 여기에는 브랜드가 인간처럼 행동한다고 느껴지게 하는 특성들이 포함되며, 이를 통해 소비자와 브랜드 사이의 감정적 연결이 강화된다. 브랜드 퍼스낼리티는 경쟁 브랜드와 차별화된 이미지를 구축하여 소비자들이 브랜드를 명확하게 인지하도록 한다. 공감하는 브랜드 가치에 매력을 느끼는 소비자들에게 브랜드 선호도를 높이고, 브랜드의 목소리·메시지·시각적 요소에 일관성을 부여하여 고객과 효과적으로 소통한다.

브랜드 퍼스낼리티의 다섯 가지 요소에는 진실성sincerity이 포함된다. 네이처 리퍼블릭, 아모레 퍼시픽, 파타고니아와 같이 정직하고 믿음직스럽고 겸손하며 진실한 이미지를 갖는 브랜드가 대표적이다. 홍미진진함excitement에는 테슬라, 레드불RedBull, 닛산Nissan 같이 혁신적이고 유쾌하며 도전적이고 모험적인 이미지를 지닌 브랜드가 해당된다. 유능함competence에는 삼성, LG, BMW와 같이 신뢰할 수 있고 전문적이며 지능적이고 효율적인 이미지를 가진 브랜드가 속하며, 세련됨sophistication에는 샤넬CHANNEL, 루이비통Louis vuitton, 티파니Tiffany와 같이 고급스럽고 우아하며 문화적인 이미지를 가진 브랜드가 있다. 마지막으로 강인함ruggedness에는 지프Jeep, 노스페이스The North face처럼 강하고 튼튼하며 거칠고 남성적인 이미지를 나타내는 브랜드가 포함된다.

소비자가 원하는 콜라보의 모습

다양한 브랜드 퍼스낼리티는 각기 다른 목표 고객층과 세분화된 시장에 어필하여 브랜드가 고유한 가치와 이미지를 구축하고 강화하는 데 기여한다. 곰표는 이색 콜라보로 홍미로움이라는 브랜드 퍼스낼리티를 갖게 되면서 자연스럽게 2030 MZ세대의 '재밌는 친구'로 포지셔닝 되었다. 일례로 2021년 4월 한강주조와 협업하여 출시한 '표문 막걸리'는 매일 오전 9시 네이버 스마트스토어에서 판매되었는데 2분 만에 하루 판매량 200박스(800병)가 다나갈 정도로 인기를 끌면서 2022년 8월 판매 수량 15만 개를 돌파했다. 이 제품은 국내산 밀 누룩의 다양한 향미와 쌀 본연의 단맛

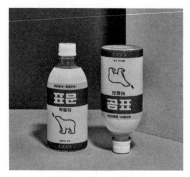

곰표를 뒤집은 표문 막걸리

이 잘 어우러진 생막걸리로, "상당히 부드러운 편이며, 목 넘김이
마치 고구마라테를 마시는 듯한 느낌이 든다", "탄산 맛은 전혀 느
껴지지 않아 더 부드럽게 느껴지며, 적당히 고소하면서 끝에 살짝
알코올 맛이 느껴진다"는 등 긍정적인 고객 평가를 받기도 했다.

처음 표문 막걸리를 보고 브랜드를 왜 '표문'이라고 했을까 궁금
했는데 막걸리를 거꾸로 흔들어 마시는 소비자의 행동에 착안해
'곰표'를 거꾸로 뒤집은 '표문'으로 만들었다고 하니 곰표 콜라보의
진화를 보여주는 사례라 할 수 있다.

곰표의 콜라보레이션은 소비자들이 원하는 변화였고 브랜드에
적합한 분위기로 포지셔닝하여 성공을 거두었다. 현대적이고 트
렌디한 제품을 원하는 소비자들의 기대에 부응하기 위해, 곰표는
힙한 이미지로 탈바꿈했다. 예를 들어, 스와니코코와의 협업으로
출시된 밀가루 쿠션은 실제 밀가루 성분을 활용해 큰 인기를 끌었
고, 수제맥주 브랜드와의 협력으로 만들어진 곰표 캔맥주는 젊은

소비자들을 열광하게 만들었다. 더불어, 전통 막걸리를 새로운 디자인과 맛으로 재해석한 표문 막걸리는 곰표의 전통적인 이미지를 유지하면서도 현대적 감각을 더해 소비자들에게 새로운 경험을 제공했다. 일관된 마케팅 전략으로 곰표는 넓은 소비자층에 매력적인 브랜드로 자리잡았다.

선을 넘지 않아야 성공한다

버거킹Burger King은 임파서블 푸즈Impossible Foods와 협력하여 채식 버거인 '임파서블 와퍼'를 출시했다. 식물성 대체육을 제공하는 회사인 임파서블 푸즈가 대두와 같은 원재료로 개발한 비건 버거 패티가 단초였다. 이는 전통적인 패스트푸드 체인에서 식물성 대체육 제품의 가능성과 중요성을 인식시킨 중요한 사건이었다. 제품 출시 당시에는 식물성 식품과 지속 가능한 소비를 향한 관심이 증가하고 있었는데, 버거킹은 이 콜라보로 혁신적이고 환경 친화적인 브랜드 이미지를 강화했다. 또한 기존 고객과 채식주의자, 유연 채식주의자 등 다양한 고객의 기호를 만족시킬 수 있는 제품을 선보임으로써 폭넓은 고객층을 확보하여 고객 기반을 확장했다. 실제로 이 콜라보레이션 프로모션 기간 동안 임파서블 와퍼를 판매한 매장은 최대 18.5퍼센트 까지 매출이 증가했고, 참여하 지 않은 매장은 1.75퍼센트 매 출이 감소했다. 버거킹과 임파 서블 푸즈는 콜라보레이션의

임파서블 와퍼

상호보완적 성공 사례로 평가받는다.

제품뿐만 아니라 문화예술 분야에서도 상호보완적 콜라보는 큰 이슈를 만들어낸다. 예를 들어 가수 싸이는 2012년 아메리칸 뮤 직 어워드American Music Awards; AMA에서 MC해머와 합동 공연한 〈강 남스타일〉로 무대의 피날레를 장식했다. 이 공연은 관객들과 미 디어로부터 폭발적인 반응을 얻었으며 빌보드와 같은 주요 음악 매체에서 높은 평가를 받았다. 특히 이 공연을 함께한 MC해머는 "싸이는 마이클 잭슨에 이어 춤으로 세계를 바꿔놓은 가수"라며 싸이의 능력을 높이 평가했고 싸이는 글로벌 아티스트로서 다시 한번 각인되었다. 실제 이 공연은 빌보드가 뽑은 'AMA 2012 베스 트 퍼모먼스 TOP 5'에서 당당히 1위를 차지했다. 서로 다른 문화 와 세대의 아티스트가 함께하는 공연이 얼마나 강력한 문화적 영 향력을 발휘할 수 있는지를 보여주는 사례였다.

H&M은 2004년 샤넬의 수석 디자이너인 칼 라거펠트와의 협업 을 시작으로 매년 스텔라 맥카트니, 꼼데가르송, 소니아 리키엘, 마르니, 베르사체, 이자벨 마랑, 알렉산더 왕 등 유명 디자이너들

과 콜라보레이션 컬렉션을 선보였다. H&M은 이 협업으로 '합리적인 가격에 좋은 제품을 구매할 수 있다'는 점을 강조하고자 했다. 이것이 전 세계적으로 큰 인기를 끌며 매년 많은 사람이 H&M의 콜라보레이션 제품을 구매하기 위해 줄을 서는 등 주목받는 연례행사가 되었다. 국내에서도 2015년 발망과의 협업 제품이 큰 화제를 모았다. 제품을 구매하겠다며 일주일 전부터 노숙하는 사람들이 생길 정도였다. 하지만 제품을 구매한 이들이 실망을 내비치며 중고품 거래 사이트에 헐값으로 제품을 내놓는 현상이 벌어지면서 콜라보레이션이 실패했다는 평가가 나오기도 했다.

성공적인 콜라보를 위해

콜라보레이션은 두 브랜드가 서로의 매력을 결합하여 새로운 가치를 창출하는 전략으로, 마케팅 분야에서 매우 인기다. 그러나 모든 콜라보가 성공하는 것은 아니며, 앞서 말했듯 소비자의 차이식역을 고려하지 않으면 실패할 수 있다. 이 관점에서 성공적인 콜라보레이션을 위해 주의해야 할 점은 다음과 같다.

첫째, 소비자 기대에 부응해야 한다. 소비자가 인식할 수 있는 최소한의 기대를 충족하지 못하면, 실망과 함께 제품 구매를 포기할 수 있다. 예를 들어 2021년 지에스25와 모나미가 출시한 '모나미 매직 스파클링' 음료는 모나미 매직의 디자인을 적용했지만, 음료가 아니라 문구류 같다는 반응이 나왔고 큰 호응을 얻지 못했다. 이는 제품 변화가 소비자의 기대 차이식역을 충족하지 못했기 때문이다.

둘째, 타깃 고객층을 고려해야 한다. 차이식역을 고려하지 않고 제품을 출시하면 타깃 고객층의 관심을 끌지 못할 뿐 아니라 논란을 일으킬 수도 있다. 예를 들어, 2021년 씨유와 말표산업이 출시한 '말표 구두약 초콜릿'은 어린이가 구두약을 섭취할 위험이 있다는 지적이 제기되며 논란이 발생했다. 타깃 고객층의 안전과 기대를 고려하지 않아서 생긴 문제다.

셋째, 과도한 마케팅으로 소비자의 반감을 사지 않아야 한다. 마케팅 활동이 소비자의 차이식역을 넘어서는 경우 오히려 반감을 사기도 한다. 2017년 컨버스Converse와 이탈리아 패션 브랜드 미소니Missoni의 협업에서, 컨버스의 캐주얼한 이미지와 미소니의 고급스러운 이미지가 조화하지 못해 소비자들은 이를 단순한 마케팅 콜라보로 평가하고 받아들였다. 조화라는 측면에서 두 브랜드 사이의 차이식역을 충분히 고려하지 않았기 때문이다.

마지막으로 재미fun와 의미meaning를 제공하는 것이 중요하다. 두 브랜드가 서로의 매력을 결합하여 새로운 가치를 창출하면서도, 소비자의 차이식역을 고려하여 변화를 인식하도록 해야 한다. 두 브랜드의 특성과 타깃 고객층을 고려하여 서로의 매력을 적절히 결합하는 방법을 고민해야 한다.

11

오프라인 시장에서
온라인으로 살아남기

- 밀당PT와 언패킹 효과

디테일할수록 좋다

지지이론^{support theory}은 사람이 어떤 사건을 판단할 때 '사건 자체 event'보다 '대상에 대한 묘사description'에 좌우되는 현상을 말한다. 즉 사건의 세부적인 묘사가 그 사건의 발생 가능성에 영향을 미친 다는 의미다. 특히 어떤 사건의 발생 확률을 예측할 때 포괄적으 로 묘사한 사건보다 세부적으로 풀어서 묘사한 사건의 발생 확률 을 더 높게 예측하는 것을 언패킹 효과^{unpacking effect}라고 한다. 예를 들어 '길을 가다가 사람과 부딪힐 확률'이라고 포괄적으로 묘사하 는 것보다 '길을 가다가 아는 사람 혹은 모르는 사람과 부딪힐 확 률'이라고 좀 더 세부적으로 묘사하면 전체 사건이 발생할 확률을 더 높게 예측한다.

언패킹 효과가 발생하는 이유는, 어떤 사건을 세세하게 묘사하면 그 사건의 발생 가능성을 지지해주는 요소support component가 더 많이 떠오르기 때문이다. 그래서 각 세부 사건의 개별적인 발생 가능성을 더했을 때 전체 사건의 발생 확률이 더 높게 나타난다.

보험과 주식에서 언패킹 효과를 활용하는 법

언패킹 효과는 일상적인 의사결정에서 자주 발견된다. 특히 확률을 중시하는 분야에서 활용도가 높으며 보험이나 주식에서 소비자의 판단과 행동을 유도하는 전략으로 사용한다. 예를 들어, 보험 상품을 마케팅할 때 '각종 암을 보장해주는 다보장보험'(패킹)이라는 용어만 사용하는 것보다는 '간암, 폐암, 위암 등 우리나라 사람들에게 가장 흔한 암을 모두 보장해주는 다보장보험'(언패킹)이라고 병명을 구체적으로 명시하는 편이 좋고, '각종 질병과 사고를 보장한다'라는 포괄적인 표현 대신에 7,656가지 질병과 사고를 보장한다'는 식으로 보상받는 질병과 사고의 수를 구체적으로 명시하는 쪽이 더 효과적이다. 언패킹 효과에 의해 소비자가 보장받을 수 있는 범위를 더 크게, 더 확실하게 인식하기 때문이다. 결과적으로 보험 가입률이 증가한다.

주식 투자와 같은 다른 분야에서도 유사하다. 투자 상품을 소개할 때 특정 산업이나 기업의 잠재력을 단순히 언급하는 것보다 그

산업이나 기업이 직면한 구체적인 기회와 도전을 상세히 설명하면 투자자들에게 더 깊은 인상을 남길 수 있다. 투자자들이 해당 기업이나 산업의 성장 가능성을 보다 높게 평가하도록 유도하기 때문이다.

다만 언패킹 효과를 효과적으로 활용할 때는 몇 가지 중요한 사항을 고려해야 한다. 언패킹 효과가 항상 동일하게 나타나는 것은 아니며, 특정 조건에서는 이 효과가 감소하거나 나타나지 않을 수 있기 때문이다. 그렇다면 교육업계에 혁신을 일으킨 밀당PT는 어떻게 언패킹 효과를 활용했을까?

온라인 학습 시스템의
한계를 극복하다

    온라인 학습 플랫폼은 그 편리함에도 불구하고 몇 가지 치명적 약점을 지닌다. 그중 하나는 학습 진도의 확인과 즉각적인 피드백 제공에 한계가 있다는 점이다. 전통적인 교실 환경이나 개인 과외에서는 교사가 학생의 학습 상태를 실시간으로 파악하고 피드백을 즉각 제공할 수 있다. 학습자가 문제를 겪으면 즉시 개입하여 해결책을 제시할 수 있으므로 학습 과정에서 발생할 어려움을 효과적으로 관리할 수 있다. 반면, 온라인 학습 시스템에서는 실시간 모니터링과 개입이 어렵다. 비록 일부 고급 시스템에서는 적응형 학습 기능을 제공하여 개별 학습자의 진도에 맞춰 내용을 조정하고자 시도하고 있지만 여전히 제한적이다. 특히 학생이 학습에 어려움을 겪거나 추가적인 설명이 필요한 상황과 같이 즉각적인 인간의 개입이 필요한 경우 온라인 시스템의 반응은 종종 느리거나 부족할 수 있다. 이런 이유로 전체 사교육비 시장에서 온라인 교육이 차지하는 비중은 상대적으로 낮다.

2019년 코로나 팬데믹이 전 세계를 강타하면서 무심코 다니던 학교의 문이 닫혔다. 그러나 '정중동靜中動'이라는 옛말이 보여주듯, 멈춘 듯한 세상에서도 꾸준히 움직이는 분야가 있었으니, 바로 교육이었다. 대면 학습이 어려워진 상황에서도 학습의 끈을 놓을 수는 없었기에 온라인 교육 시장이 폭발적으로 성장했다. 이 시기에 에듀테크 기업들은 전례 없는 성장의 기회를 맞이했다. 팬데믹 초기 많은 사람이 온라인 교육에 회의적인 시선을 보냈으나, 점차 그 효과에 대한 인식이 변화했다. 온라인 교육의 확장은 기술 발전과 맞물려 교육의 접근성을 대폭 넓혔고, 전 세계 수백만 학습자들에게 새로운 학습의 기회가 열렸다.

하지만 온라인 교육이 가진 근본적인 한계점, 즉 즉각적인 피드백과 개입의 부재는 여전히 큰 도전 과제로 남아 있었다. 이러한 문제에 따른 해결책으로 많은 에듀테크 기업이 '실시간 튜터링' 서비스를 도입했다. 이는 온라인 플랫폼에서 선생님과 학생이 실시간으로 소통하는 시스템으로, 학생이 어려운 문제에 직면했을 때 즉시 도움을 받을 수 있도록 설계되었다.

밀당PT는 인터넷 강의의 콘텐츠 우수성, 학원의 지역 맞춤형 콘텐츠, 과외의 개인 맞춤 관리 각각의 장점을 결합한 '퍼스널 티칭personal teaching'이라는 새로운 개념의 3세대 교육 시스템을 만들기로 했다. 밀당PT의 혁신적인 접근은 단순히 교육 콘텐츠를 전달하는 것을 넘어서, 강의의 질을 향상하고 학생들에게 더욱 깊이 있는 학습 경험을 제공하겠다는 목표를 가지고 있었다. 동영상 강의 파일과 교재를 중심으로 한 기존 방식에서 벗어나 교수자와 학습자가 직접 소통할 수 있도록 함으로써 교수자가 학습자의 진행 상황을 실시간으로 파악하고 즉각적인 피드백을 제공할 수 있게 한 것이다. 이와 같은 플랫폼 전환으로 개인 맞춤형 온라인 교육 서비스를 보다 부담 없는 가격에 제공할 기반이 마련되어 교육 접근성이 대폭 향상되었다. 또한 모든 학습자가 자신의 학습 요구와 속도에 맞추어 교육받을 수 있다는 점에서 교육의 민주화를 한층 더 진전시키는 결과를 만들어냈다.

디테일의 힘을 활용한
학습 동기 부여

옛말에 "물가에 말을 데려갈 수는 있지만 억지로 물을 마시게 할 수는 없다"라는 말이 있다. 이는 학습에도 그대로 적용된다. 아무리 훌륭한 콘텐츠와 진보된 학습 관리 도구를 갖추어도, 학습자 본인이 학습에 자신감과 의지가 없다면 효과는 크게 떨어진다. 학습 동영상을 시청하는 것만으로는 학습 효과를 극대화하기 어렵다. 실제로 공부를 잘하는 학생이나 못하는 학생이나 집중도의 차이가 있을 뿐 영상 자체를 보는 데에는 차이가 없다. 차이는 문제 해결 과정에서 분명하게 드러난다. 특히 수학과 같은 과목에서는 차이가 더욱 두드러진다. 수포자(수학을 포기한 사람)라는 말이 괜히 나오는 것이 아니다. 수학은 단순히 답을 외워서 맞출 수 있는 과목이 아니다. 각 단계를 차근차근 밟아가며 정답에 도달해야 하는데, 이 과정에서 공부를 잘하는 학생과 그렇지 못한 학생 사이에 실력 차이가 명확하게 나타난다. 공부를 잘하는 학생은 풀이 과정의 일부를 건너뛰며 빠르게 답을 찾아가는 반면, 공부를 못하는 학생은 각 단계를 건너뛰지 않고 천천히 넘어가야만 한다. 연습이 부족하기에 하나하나 확인하지 않으면 금세 길을 잃고 만다. 돌을 밟고 개울을 건너는 상황에 비유해보면 어른(숙련자)은 몇 개의 돌만으로도 개울을 쉽게 건널 수 있지만, 어린이(비숙련자)는 더 많은 돌이 놓여 있어야 안전하게 건널 수 있는 것과 마찬가지다. 그러므로 제시되는 디테일(단계)이 달라져야 한다.

앞서 포괄적으로 묘사했을 때보다 자세하게(디테일하게) 풀어서 묘사할 때 발생 확률을 더 높게 예측하고 실행 가능성을 높게 판단하는 것을 언패킹 효과라고 했다. 밀당PT는 디테일의 힘을 최대한 활용하여 온라인 학습의 질을 혁신적으로 향상시켰다. 먼저, 서울 대치동 등에서 명성을 쌓은 소위 '1타 강사'들과 협업해서 독창적이고 효과적인 커리큘럼을 개발했다. 강사진은 다년간의 교육 경험과 깊은 전문성을 바탕으로 온라인 학습 환경에서도 학생들이 몰입할 수 있는 고품질 교육 콘텐츠를 제작했다. 밀당PT의 콘텐츠는 학생들이 학습에 더욱 집중할 수 있는 환경을 제공하면서 온라인 학습의 큰 도전 과제였던 학습 몰입도를 높이는 데 결정적인 역할을 했다.

또한 밀당PT는 AI 러닝 애널리틱스를 활용하여 학생들의 학습 데이터를 정밀하게 분석하고, 이를 바탕으로 각 학습자에게 맞춤형 학습 경로를 제안하는 시스템을 구축했다. 이 AI 시스템은 6억 6000만 건에 달하는 학습 로그 데이터를 활용해 학생들의 학습 수준과 습관을 세밀하게 파악했고, 개별 학습자에게 가장 효과적인 학습 경로를 제공함으로써 학습 효율을 극대화했다. 세밀한 데이터 분석과 맞춤형 경로 제공은 학생이 자신에게 가장 적합한 방식으로 학습을 이어가도록 했고, 학습 결과의 질을 한층 더 높였다.

밀당PT의 또 다른 강점은 실시간 학습 지원과 피드백 시스템이다. 학생이 플랫폼에 접속하는 순간부터 AI가 학습 상태를 실시간으로 모니터링하고, 학습에 집중하지 못하는 경우 선생님에게 경고를 보내어 즉각적으로 대응한다. 예를 들어, 학생이 일정 시간 키보드나 마우스를 사용하지 않으면 AI가 감지하고 선생님에게 알림을 보내어 수업에 다시 집중하도록 유도한다. 즉각적인 피드백 메커니즘은 온라인 학습 환경에서도 학생들이 학습 리듬을 유지하고 능동적으로 참여하도록 해주며, 학습의 연속성을 보장하는 중요한 요소로 작용한다. 마지막으로, 밀당PT는 선생님이 단순한 지식 전달자가 아닌 퍼실리테이터facilitator로서 역할을 수행하도록 지원한다. AI가 제공하는 데이터를 바탕으로 선생님은 학생의 상태를 정밀하게 파악하고, 학습 동기를 부여한다. 학생들과 정서적 교감을 나누며 신뢰 관계를 구축할 수도 있다. 이러한 신뢰 관계는 학생들이 학습 과정에 몰입하는 중요한 기반이 되며, 결과적으로 학습 효과를 극대화하는 주요 전략이 되었다.

물론 디테일이 항상 도움이 되는 것은 아니다. 예를 들어, 어떤 학습자는 문제 해결에 필요한 단계가 적을 수도 있고, 반대로 더 많은 단계가 필요한 학습자도 있다. 두 개의 돌만으로도 개울을 충분히 건널 수 있는 사람 앞에 다섯 개의 돌을 놓으면 그 사람에게는 불필요한 시간 낭비로 여겨질 수 있다. 반대로 필요로 하는 돌이 열 개인데 다섯 개밖에 제공되지 않는다면 학습자는 시도조차 하지 않을 것이다. 따라서 밀당PT는 문제를 푸는 데 필요한 모든 단계를 미리 준비하고, 학습을 시작하기 전에 테스트를 거쳐서 각 학습자의 실력에 맞는 정확한 '돌'의 수를 파악한다. 학습이 진행되는 동안, 튜터는 학습자의 성과를 지속적으로 모니터링하면서 필요에 따라 돌의 수를 늘리거나 줄여나간다. 이런 식으로 학습자는 자신에게 맞춤화된 경로로 문제 해결에 도달한다. 이 과정은 학습자가 각자 속도에 맞춰 학습할 수 있도록 지원하며, 자신감을 가지고 학습에 임할 수 있게 돕는다.

자신감을 북돋는
'작은 승리' 전략

학생의 집중력을 극대화할 방법으로는 '15분 간격 수업 모듈'을 도입했다. 이는 기존의 긴 수업 시간을 재구성하여, 15분 단위로 학습 시간을 나누고 세션마다 여섯 개의 학업 과제를 해결하도록 하는 혁신적인 방식이다. 학습자가 짧은 시간 동안 구체적인 목표를 달성함으로써 자주 성취감을 느낄 수 있도록 설계되었다. 이러한 접근은 학습자가 동기를 잃지 않고 지속적으로 학습에 참여하게 만드는 중요한 요소로 작용했다. 실제 이 모듈을 적용하기 전 45분 수업 모듈의 완강률은 12퍼센트에 불과했다. 그러나 15분 모듈을 도입하자 급격히 상승하여 38퍼센트에 달했다.

밀당PT가 도입한 15분 간격 수업 모듈 전략은 작은 단위의 목표를 달성하면서 성취감을 자주 느끼도록 하는 작은 승리small victory 전략과 맞닿아 있다. 즉 학습자가 자주 성취감을 느낄 수 있도록 설계하여 학습 동기를 부여하고 궁극적으로 큰 목표를 달성할 수 있도록 하는 것이다. 과거 프로레슬러 김남훈의 사례로 이 개념을 더욱 생생하게 살펴보자. 김남훈은 경기 중 사고로 하반신이 마비되었다. 장기간 침대에 누워 생활하면서 체중이 140킬로그램까지 불어났고 건강도 악화되었다. 이때 그는 다시 걷기 위해 매일 조금씩 성공을 맛보는 방법을 택했다. 처음에는 화장실까지 기어가는 것부터 시작했다. 그다음에는 방문 앞까지, 그리고는 손잡이를 잡고 일어서는 연습을 했다. 이후 몇 달간의 노력 끝에 아파트 밖으로 나가는 것을 목표로 삼았다. 햄버거를 먹기 위해 연습에 연습을 거듭해 결국 홀로 2호선 첫차를 타고 강남역 매장에 가서 햄버거를 사 먹는 데 성공했다. 비장애인에게는 매장에서 햄버거를 사 먹는 일이 너무나 자연스럽지만 하반신 마비였던 그에게는 결코 이룰 수 없을 것 같던 목표였다. 그러나 작은 승리가 결국 큰 승리를 이뤄냈다. 재활에 성공한 그는 2008년에 레슬러로 복귀한 후, 2010년에는 일본 DDT 프로레슬링 챔피언 자리에 올랐다.

앤드류 우드Andrew Wood가 말한 것처럼 "작은 성공은 또 다른 성공을 유혹"한다. 많은 사람이 단번에 꿈을 이룰 큰 승리를 찾으려 하지만, 큰 승리를 거두려면 반드시 그전에 작은 승리를 많이 거둬야 하는 법이다. 밀당PT는 작은 승리 전략을 온라인 학습에 적용함으로써, 학습자가 각 단계를 성공적으로 완료할 때마다 성취감을 느끼도록 했다. 이 방식은 학습자가 학습 과정에서 직면한 어려움을 극복할 충분한 계기를 제공했으며, 필요한 만큼 마련된 징검다리는 학습 과정을 보다 쉽게 넘어갈 수 있도록 도왔다. 또한, 담당 선생님의 신속한 피드백과 지속적인 격려는 학습자가 중도에 포기하지 않고 꾸준히 학습을 이어갈 동기를 부여했다.

디테일의 힘은 마케팅에서 매우 중요한 역할을 한다. 세심한 디테일은 고객경험을 향상시켜 소비자에게 긍정적 인식을 심어주고 브랜드 신뢰도를 높인다. 또한 디테일은 브랜드 차별화의 핵심 요소로 브랜드의 고유한 이미지를 강화하고, 경쟁사와 구별되도록 도와준다. 나아가 디테일에 신경 쓰는 브랜드는 고객 충성도를 높이며, 긍정적 입소문을 유도해 새로운 고객을 유치할 기회를 얻는다. 밀당PT의 학습 플랫폼은 직관적인 UI User Interface, 학습 진도 추적, 자동 저장과 같이 기능을 디테일하게 나누어 학습자의 몰입을 돕는다. 맞춤형 학습 경로, 단계별 솔루션 제공, 선생님의 즉각적인 피드백은 학습 효율성을 높인다. 만족스러운 학습 경험은 자연스럽게 주변에 추천을 유도하고, 학습자에게 플랫폼에 대한 신뢰를 심어줌으로써 충성도를 강화하는 요인으로 작용한다.

전형성, 디테일을 조절하는 힘

특정 조건에서는 언패킹 효과가 나타나지 않거나 줄어들기 때문에 언패킹 효과의 이점을 누리려면 여러 요소를 고려해야 한다. 특히 '전형성typicality' 개념을 심도 있게 고민해야 한다. 전형성이란 특정 범주category나 개념을 대표하는 정도를 말한다. 이는 어떤 사건이나 제품이 해당 범주의 대표적인 예로 얼마나 잘 인식되는가를 나타낸다. 예를 들어, 코카콜라는 전 세계에 널리 알려진 대표적인 청량음료다. 반면 오란씨 같은 브랜드는 청량음료 범주에는 속하지만, 코카콜라처럼 강한 대표성을 지니지 못한다. 전형성이 낮은 경우 사람들은 그 사례를 일반적인 범주로 받아들이지 않기에, 언패킹 효과가 감소하거나 나타나지 않을 수 있다. 슬로만Sloman과 동료들의 연구 결과(2004)를 바탕으로 살펴보자.

한 연구자가 실험에 참가한 사람들을 세 그룹으로 나누어 다음과 같이 질문한 후 확률을 예측하도록 했다.

내년에 미국에서 질병으로 죽는 사람 중 한 명을 임의로 선택할 때

그룹 A   각종 질병으로 죽게 될 확률은 얼마일까?
그룹 B   심장질환, 암, 뇌졸중 또는 각종 질병으로 죽게 될 확률은 얼마일까?
그룹 C   폐렴, 당뇨병, 간경화 또는 각종 질병으로 죽게 될 확률은 얼마일까?

연구진은 사람들이 질병에 따른 사망률을 어떻게 예측하는지를 살펴보기 위해 세 그룹에 각각 다르게 질병을 묘사했다. 첫 번째 그룹(그룹 A)에는 '각종 질병'이라고 포괄적으로 묘사했다. 두 번째 그룹(그룹 B)에는 '심장질환, 암, 뇌졸중 또는 각종 질병'이라고 전형적인 사망 원인 질병들을 보다 구체적으로 묘사했다. 세 번째 그룹(그룹 C)에는 '폐렴, 당뇨병, 간경화 또는 각종 질병'과 같이 상대적으로 일반적이지 않은 질병을 세부적으로 묘사했다. 연구 결과, 그룹 B가 60퍼센트로 가장 높은 사망 확률을 예측했으며, 그룹 A가 55퍼센트로 다음을 이었고, 그룹 C는 40퍼센트로 비율이 가장 낮았다. 즉 그룹 B에는 심장질환, 암, 뇌졸중과 같이 사망 원인으로 잘 알려진 전형적인 질병을 언급했기에 사람들이 이를 더

높은 위험으로 인식했지만 그룹 C의 폐렴, 당뇨병, 간경화는 일반적으로 사망 원인으로 생각하지 않는 질병이므로 사망 확률을 낮게 평가한 것이다. 이 결과는 언패킹 효과가 전형성의 영향을 받는다는 것을 분명히 보여준다.

전형성과 디테일의 조화

앞선 연구는 언패킹 효과를 활용할 때 전형성을 고려하는 것이 얼마나 중요한지를 알려준다. 결론은 사건이나 제품을 자세히 묘사할 때는 대상 범주를 대표하는 전형적인 예시를 사용해야 한다는 것이다. 그래야 사람들이 제시된 정보를 범주 전체와 연관 지어 생각하게 되며, 전반적인 발생 확률에 대한 인식을 증가시킬 수 있다. 따라서 커뮤니케이션과 설득의 효과를 높이려면 전형적인 사례를 중심으로 세밀하게 사건을 묘사해야 한다.

둘째, 평가자와의 관련성을 고려해야 한다. 보벤Boven과 에플리 Epley(2003)는 심리학과 학생들을 대상으로, 사회과학과 자연과학 분야에서 각각 10위권 안에 든 두 대학의 학문적 질을 평가하도록 하는 실험을 진행했다. 연구자들은 그룹마다 설명 방식을 다르게 하여, 한 그룹에는 포괄적으로 "이번 대학 평가에서 사회과학(또는 자연과학) 분야 모두 10위권 안에 포함되었다"라고 설명했고 다른 그룹에는 좀 더 세부적으로 "이번 대학 평가에서 심리학, 사회학,

문화인류학과 기타 사회과학 분야(또는 화학, 지질학, 물리학과 기타 자연과학 분야) 모두 10위권 안에 포함되었다"라고 설명했다. 연구 결과, 학문의 질 평가에서 세부적으로 설명한 그룹의(언패킹) 평균은 7.35로, 포괄적으로 설명한 그룹(패킹)의 평균 6.23보다 더 높았다. 세부적인 정보 제공이 학문의 질을 더 긍정적으로 인식하도록 만든 것이다. 그러나 예상 만족도 평가에서는 다른 결과가 나왔다. 사회과학대학의 경우 세부적으로 설명한 조건에서는 만족도가 8.08로, 포괄적으로 설명한 조건의 6.62보다 높았다. 반면 자연과학대학에서는 양 조건에 만족도 차이가 나타나지 않았다. 실험에 참여한 학생들이 심리학 전공자로서 사회과학 분야와 더 밀접한 관련이 있었기 때문이다. 즉, 전공과 관련된 분야에서 세부적인 정보가 제공되면 학생들은 더 높은 만족감을 느꼈지만, 직접적인 관련이 없는 자연과학 분야에서는 구체적인 정보가 만족도에 큰 영향을 미치지 않았다.

이처럼 전형성은 메시지를 전달받는 대상이 익숙하게 알고 있는 특성이나 요소를 말하며, 사람들의 기대와 일치하는 방식으로 정보를 전달할 때 유의미한 효과를 보인다. 전형성을 활용하면 사람들은 메시지를 쉽게 이해하고 받아들이며, 특히 교육이나 마케팅에서 디테일의 힘을 강화하는 데 큰 도움이 된다.

전형성과 디테일의 힘을 조화시켜 성공한 대표적인 브랜드로는 나이키가 있다. 나이키는 "Just Do It"이라는 슬로건을 내세워 전형적인 스포츠 브랜드로서의 이미지를 굳건히 했다. 이 슬로건은 단순히 운동을 권장하는 문구를 넘어, 소비자들에게 도전과 극복의 메시지를 전달했다. 또한 나이키는 전형적인 스포츠 용품 판매에서 한 걸음 더 나아가, 소비자 개개인에게 맞춤형 경험을 제공하는 데 주력했다. 이를 위해 나이키I.D. Nike By You 서비스를 도입하여 소비자들이 자신만의 운동화를 디자인할 기회를 제공했다. 전형적인 제품에 디테일한 커스텀 옵션을 추가함으로써 소비자들이 자신의 개성을 반영한 제품을 소유할 수 있게 한 것이다.

나이키는 전형적인 오프라인 매장의 리테일 경험을 디지털화하는 데도 앞장섰다. 전통적인 매장 구조와 제품 진열 방식을 유지하면서도 디지털 기술을 접목해서 소비자들에게 혁신적인 쇼핑 경험을 제공했다. 나이키 플래그십 스토어에서는 디지털 키오스크에서 소비자들이 실시간으로 제품 정보를 확인하고, 온라인으로 주문할 수 있는 시스템을 도입했다. 또한 매장에서의 경험을 앱과 연동하는 기능을 만들어서 소비자들이 쇼핑 경험에 따른 개인 맞춤형 제안을 받을 수 있게 했다. 이처럼 전형적인 매장 경험에 디테일한 디지털 요소를 추가함으로써 나이키는 오프라인과 온라인을 통합한 새로운 경험을 제공했고 소비자들에게 큰 호응을 얻었다.

마지막으로 나이키는 전형적인 스포츠 커뮤니티를 형성하고, 이를 디테일하게 지원하는 전략도 성공적으로 수행했다. 나이키런 클럽Nike Run Club과 나이키 트레이닝 클럽Nike Training Club 앱은 소비자들이 함께 운동하고 성과를 공유하는 커뮤니티를 제공한다. 이 앱들은 단순한 운동 기록 기능을 넘어서 개인 맞춤형 트레이닝 플랜과 실시간 피드백을 제공한다. 나이키의 이러한 디테일한 기능들은 사용자들의 성취감을 높이면서 그들이 지속적으로 운동에 참여하도록 독려했다. 이처럼 전형적인 스포츠 커뮤니티에 디테일한 지원을 추가하여 나이키는 소비자와 브랜드를 더 깊이 연결했다.

밀당PT 역시 나이키와 비슷하게 전형성과 디테일의 힘을 조화롭게 결합해 탁월한 성과를 이뤘다. 먼저 전통적인 오프라인 학원 교육 방식을 온라인으로 옮겨와서 학습자들이 익숙한 환경에서 공부할 수 있도록 진입 장벽을 낮췄다. 정해진 시간에 수업을 듣는 전형적인 구조를 유지하면서도 AI를 기반으로 학습자의 수준에 맞춰 자동으로 학습 경로를 조정하는 맞춤형 학습을 제공했다. 실시간 피드백 시스템은 학생의 집중도와 학습 패턴을 모니터링하고 필요한 피드백을 즉각적으로 제공했다. 전통적인 교육과 AI를 결합한 밀당PT의 방식은 학생들에게 개인화된 학습 경험을 제공하면서도 일정한 학습 리듬을 유지할 수 있는 길을 열어주었다.

12

따라가지 말고
선두에서 주도하라

- 락앤락과 타임페이싱

소비자 욕구가 급변하는 시대, 변화를 주도하는 법

　기업이 소비자 욕구의 변화를 지속적으로 파악해야 하는 이유는 네 가지로 정리해볼 수 있다. '소비자 관심 극대화', '구매 욕구 자극', '지속적인 기대감과 신선함 제공'이다. 먼저 소비자 관심을 극대화하기 위해서는 소비자들이 주목할 만한 특별한 시점에 제품을 출시해서 소비자의 관심을 집중시킨다. 예를 들어 연말연시, 명절, 또는 특정 기념일에 맞춰 새로운 제품이나 특별 프로모션을 진행하면, 소비자들은 이벤트에 더 큰 흥미를 갖는다. 실제 글로벌 운송업체인 UPS는 매년 크리스마스 시즌에 고객의 소원을 배달해준다는 취지로 "소원 배송됨Wishes Delivered"이라는 크라우드 펀딩 형태의 기부 캠페인을 시행한다. 고객이 자신의 소셜미디어에 'wishesdelivered'라는 해시태그를 달아 소원을 포스팅하면 추첨

244

을 통해 소원을 이루어주고 고객의 게시물당 1달러의 가격을 매겨 자선단체에 기부한다.

특정 이벤트에 맞춘 제품 출시나 프로모션은 소비자에게 '지금 사야 한다'는 긴박감을 줌으로써 구매 욕구를 자극한다. 한정판 제품이나 특별 할인은 소비자가 즉시 구매 결정을 내리도록 자극하고 판매를 촉진하는 효과를 낳는다. '지금 사지 못하면 나중에 더 비싸게 구매해야 한다'는 인식을 심어 브랜드 가치를 제고하는 '헝거 마케팅hunger marketing' 전략이 대표적이다. 즉 한정된 물량만 판매해서 소비자의 구매 욕구를 자극하는 기법인데, 잠재 고객이 무의식적으로 배고픔hungry을 느끼도록 만든다는 의미에서 파생한 이름이다. 실제 슈프림Supreme은 신제품 공개 시즌이 오면 매주 목요일 오전 11시에 매장에서 신제품을 한정 수량 선보이는 '목요일 드롭thursday drop' 전략을 사용했다. 다만 어떤 제품이 언제 출시되는지는 아무도 모르고, 그날 매장에 들어가고 나서야 어떤 제품이 나왔는지 확인할 수 있다고 한다.

주기적으로 새로운 제품이나 프로모션을 제공하는 것도 하나의 전략이다. 소비자들에게 브랜드 활동의 예측 가능성을 높여서 기대감과 신선함을 불어넣어 주는 방법이다. 예를 들어 갤럭시나 아이폰처럼 매년 또는 매 시즌 새로운 컬렉션을 출시하는 브랜드는 소비자들이 그 시점을 기대하게 만들면서 브랜드 충성도를 강화한다. 이러한 전략은 브랜드가 트렌드를 주도하고 있다는 인식을 주기 때문에 소비자들의 지속적인 관심을 유지하는 데 적극적으로 활용된다.

질레트가 인도 시장을
점유한 방법

기업들은 전략적으로 이벤트페이싱event pacing과 타임페이싱time pacing 전략을 채택해 시장에서의 경쟁력을 유지하고 강화한다. 두 전략은 시장 상황과 기업의 위치에 따라 유연하게 적용될 필요가 있다. 먼저 이벤트페이싱 전략은 특정 사건이나 시장 변화에 반응하여 전략적 결정을 내리는 접근 방식이다. 주로 안정적인 시장 환경에서 사용되며 경쟁자의 움직임, 기술 발전, 고객 수요의 변화 같은 외부 요인을 기반으로 한다. 예를 들어 경쟁사가 새로운 제품을 출시하면 이에 대응하여 자사 제품을 개선하거나 새로운 마케팅 캠페인을 실행하는 것이 이벤트페이싱의 일환이다. 이 전략의 장점은 시장 변화에 민첩하게 대응할 수 있다는 점이다. 하지만 예측하기 어려운 급격한 시장 변화에는 적합하지 않을 수 있다. 변화의 방향이 불분명하거나 시장 변화 속도가 너무 빠를 경우, 이벤트페이싱 전략만으로는 시장에서 도태될 위험에 직면할 수 있다.

반면 타임페이싱 전략은 정기적인 간격으로 변화를 주도적으로 이끌며 시장에 적응하는 접근 방식이다. 이 전략은 변화를 주기적으로 계획하고 실행하여, 지속적인 혁신으로 시장에서 리더십을 유지하거나 강화하려는 기업에 적합하다. 타임페이싱은 기업이 시장 변화를 예측하여 변동성을 관리하고, 장기적인 관점에서 경쟁 우위를 확보하도록 돕는다. 예를 들어 기업이 매년 특정 시점에 새로운 제품을 출시하거나 기술 업그레이드를 진행하는 것이 타임페이싱 전략의 일환이다.

면도기 시장에서 오랜 역사와 전통을 가진 질레트는 시장의 변화를 선도하는 타임페이싱 전략을 활용해 경쟁에서 우위를 점하고 있다. 질레트는 1971년 세계 최초의 이중날 면도기인 '트랙II'를 출시하며, 면도기 시장에 큰 변화를 가져왔다. 이전까지 단일날 면도기가 주를 이루던 시장에서 이중날 면도기는 더욱 깔끔하고 부드러운 면도를 가능하게 해주었고, 질레트는 시장에서 큰 인기를 끌었다. 이후 질레트는 시장의 변화를 예측하고 미리 대응하기 위해 다양한 노력을 기울였다. 먼저, 질레트는 다양한 조사와 연구를 진행해서 소비자들의 요구와 선호도를 파악한다. 소비자들이 원하는 제품이 무엇인지 파악하고, 이를 바탕으로 새로운 제품을 개발하고 출시한다.

질레트가 인도에 진출할 당시 3중날 면도기 '마하3'은 인도인들이 선호하는 저렴한 이중날보다 50배 이상 비쌌다. 이에 질레트는 마하3의 가격을 이중날 면도기의 세 배 수준으로 낮춘 '질레트가드'를 출시했다. 또한 인도 여성의 77퍼센트가 깔끔하게 면도한 남성을 선호한다는 조사 결과를 바탕으로 2009년부터 '인도 면도 운동Shave India Movement'을 실시하면서 인도 남성 2,000명을 모아놓고 마하3로 면도하는 '면도 마라톤Shaveathon' 행사를 열었다. 그러자 소셜미디어에서 '면도할까 말까'를 놓고 논쟁이 벌어지면서 시장점유율이 20퍼센트에서 40퍼센트까지 급증했다.

타임페이싱 전략은 시장에서 경쟁력을 유지하고 성장하려는 기업에 중요한 접근 방식이다. 이 전략은 단순히 빠른 행동뿐만 아니라, 기업 활동의 속도와 예측 가능성을 모두 포함한다. 이를테면 기업이 활동 전환을 할 때 리듬이나 페이스를 스스로 조절하는 것처럼 말이다. 이 방법으로 기업은 내부적으로는 직원들의 단결을 강화하고, 외부적으로는 고객·공급자·파트너 같은 이해관계자들이 변화에 적응하고 준비할 시간적 여유를 제공할 수 있다.

핵심은 리듬 관리

타임페이싱 전략에서 핵심적인 요소는 리듬 관리이다. 리듬 관리는 기업이 자신의 변화 속도를 환경적 변화, 특히 계절 변화와 같은 요소와 일치시키려고 할 때 중요하다. 이는 공급자와 소비자가 기업의 변화에 보다 유연하게 대응할 수 있게 하며, 시장 내에서 기업의 동태적 조정 능력을 향상시킨다. 적절한 리듬 관리를 안착시킨 기업은 때로는 속도를 높여 집중적으로 시장에 진입하고 때로는 속도를 늦추어 시장과 소비자의 반응을 관찰하며 숨을 고르는 전략을 사용할 수 있다.

소비자 욕구가 다양하게 세분화되는 시장에서 타임페이싱 전략은 더욱 중요해진다. 각 세분 시장의 변화 속도가 다르기에 기업은 이를 인식하고 각 시장의 특성에 맞는 전략을 적용해야 한다. 예를 들어, 소비자의 욕구가 급변하는 시장에서는 기업이 지속적인 혁신으로 시장을 주도하고 새로운 제품 출시로 경쟁 우위를 확보해야 한다. 반면 상대적으로 변화가 덜한 시장에서는 기존의 제품이나 서비스를 유지하며 장기적인 안정성을 추구하는 편이 더 효과적일 수 있다.

결국 타임페이싱 전략은 리더에게 미래 시장 변화를 단순히 예측하고 기다릴 것이 아니라, 변화의 시기와 속도를 계획하고 시장을 주도해나갈 능력을 요구한다. 이로써 기업은 변화하는 시장 환경에 민첩하게 대응하며 지속적인 성장과 발전을 이룰 수 있다.

위기 속에서
적극적으로 변화를 주도하기

락앤락은 1978년 설립되어 주방용품 제조업계에서 지속적으로 성장해왔다. 특히 플라스틱 식품용기 제품으로 유명세를 얻으면서 그 명성을 확립했다. 회사는 제품 라인을 다양화하고 시장 변화에 발 빠르게 대응하면서 사업 영역을 소형가전까지 확장하는 전략적 움직임을 보였다.

특히 2021년, 코로나 19 팬데믹에도 사상 최대 매출을 기록하며 위기를 기회로 전환하는 능력을 보여주었다. 팬데믹으로 인한 불확실성과 시장 변동성 속에서도 락앤락은 효율적인 운영 전략과 빠른 시장 적응력으로 성장세를 유지했다. 회사는 제품 혁신과 다양화, 고객 니즈에 맞는 맞춤형 서비스 제공으로 시장에서의 경쟁력을 강화했다. 결과적으로 락앤락은 주방용품 시장에서 뚜렷한 입지를 구축했으며, 사업 다각화와 혁신을 지속하면서 업계 선두주자로서의 지위를 굳건히 했다.

락앤락의 강점이자
약점이 된 '대표성'

락앤락은 밀폐용기의 대표 브랜드로 잘 알려져 있지만, 회사가 처음부터 락앤락이라는 이름으로 시작한 것은 아니었다. 1978년 수입자유화 정책을 활용할 목적으로 '국진유통'을 설립한 김준일 대표는 유럽과 미국에서 생활용품을 수입하며 큰 성공을 거두었다. 소비자 지향적 마인드로 시장을 철저히 분석한 결과 200개 수입 품목 가운데 196개가 성공했다. 그러나 그는 단순 수입에 만족하지 않고, 직접 제품을 만드는 일에 더 큰 의미를 두어 1987년 (주)하나마트를 설립했다.

제품 수입은 우수한 제품을 발굴하는 데 주력하지만, 제조는 품목 선정부터 원재료 조달·생산·유통·판매에 이르기까지 다양한 과정을 관리해야 했다. 복잡한 제조 과정은 실패 위험도를 높였지만, 김 대표는 시장에서 꾸준히 수요가 있고 가정에서 지속적으로 소비하는 제품을 선택해서 위험을 최소화하고자 했다. 그는 이전에 취급했던 수많은 제품 가운데 변동성이 낮고 안정적인 소비가 예상되는 품목을 신중히 선정했다.

1994년, 하나코비는 주방, 욕실, 어린이용품 등 600여 가지의 플라스틱 생활용품을 생산했으나 매출은 기대에 미치지 못했다. 이에 '나만의 기술로 만든 제품'에 집중하기로 하고, 한국 음식의 냄새와 국물 문제를 해결하는 밀폐용기를 주력 제품으로 선택했다. 연구개발팀은 소비자의 불편을 해소하고 일상에 변화를 가져오겠다는 목표를 세우고 혁신적인 밀폐용기 개발에 매진했다.

드디어 3년간의 연구와 개발 끝에 1998년 국내 최초로 사면결착 방식을 적용한 플라스틱 밀폐용기를 개발했다. 주방용기에서의 첫 번째 혁신이었다. 당시 주방용기 시장은 뚜껑과 몸체가 밀착된 용기가 주를 이루었는데, 쉽게 내용물이 샌다는 단점이 있었다. 이러한 문제점을 보완할 방법으로 락앤락은 투명하고 잘 휘는 폴리프로필렌[PP]과 내부가 비어 있는 중공형 실리콘을 사용해 밀폐력을 극대화한 용기를 개발했다. 브랜드명도 '두 번 잠근다'는 의미의 락앤락으로 명명하고 제품을 출시했다. 기존 밀착형 용기와는 달리 뚜껑과 몸체를 두 번 결착해 더욱 강력한 밀폐력을 제공한다는 의미였다.

그러나 소비자들은 브랜드 파워가 없는 락앤락 대신 습관적으로 사용하던 밀착형 용기를 선택했다. 락앤락은 소비자의 고정관념을 극복할 대안으로 해외 시장을 먼저 공략했다. 다행히 제품력을 인정받아 미국 쇼핑 채널 QVC 홈쇼핑에서 7분 만에 5,000세트를 매진시키며 주목받았다. 이후 미국에서의 성과를 바탕으로 국내 홈쇼핑에도 진출하여 9회 연속 매진이라는 기록을 세웠고 밀폐용기 분야에서 시장점유율 52.3퍼센트를 달성하는 등 독보적인 위치를 차지했다. 어느새 '밀폐용기를 사야지'라는 말 대신에 '락앤락 사야지'라고 말할 정도로 락앤락은 밀폐용기 분야에서 대표성을 얻게 되었다.

밀폐용기 대표 브랜드로 자리 잡으며 승승장구하던 기쁨도 잠시였다. 2006년 9월 17일 한 방송에서 "플라스틱 밀폐용기(폴리카보네이트PC)에 얼린 밥을 담아 전자레인지에 데운 뒤 분석한 결과, 밥에서 환경호르몬 물질의 하나인 디에틸헥실프탈레이트DEHP가 다량 검출되었다"는 내용을 보도하면서 큰 위기를 맞았다. 당시 플라스틱 식품용기는 가볍고 반투명한 합성수지의 일종으로 성형가공성이 뛰어나고 가격이 저렴한 폴리프로필렌과 가볍고 투명하며 충격에 강하고 고온이나 저온에도 잘 견디는 폴리카보네이트 소재로 만들었는데, 폴리카보네이트 소재를 사용한 제품이 문제가 된 것이다. 방송이 나간 후 경쟁 기업에서 방송 내용을 근거로 락앤락 제품이 비스페놀ABisphenol A 등 환경호르몬 의심 물질을 유발하므로 피해야 한다는 광고를 내보내면서 유해성 논란이 증폭되었다.

락앤락은 자사 제품이 식약청이 지정한 공인기관에서 여덟 차례나 검사를 받았고 65개 수출국의 공인기관에서 검사받은 안전한 제품이라는 점을 내세우며 반박했다. 동시에 경쟁사를 상대로

20억 원의 손해배상을 청구했다. 그러나 플라스틱 용기를 향한 불안감이 잦아들기는커녕 오히려 커지면서 플라스틱 용기를 버리는 사례가 속출했다. 급기야는 모든 플라스틱 밀폐용기에 대한 거부감으로 확산되었다.

논란이 된 폴리카보네이트 소재 제품은 락앤락 전체 매출의 1퍼센트에 불과했고, 나머지 99퍼센트는 환경호르몬에 안전한 폴리프로필렌 소재였지만 플라스틱 용기에 거부감이 확산되면서 락앤락 밀폐용기 매출은 환경호르몬 방송 이후 4개월간 40퍼센트 폭락했다. 전체 매출의 1퍼센트에 불과한 폴리카보네이트 소재 제품에서 시작된 논란이 엄청난 매출 폭락을 가져온 것은 바로 '대표성' 때문이었다. '밀폐용기=락앤락'이라는 소비자 인식은 락앤락의 강력한 무기인 동시에 가장 큰 약점이었던 것이다. 비록 식약청이 한 달 후 플라스틱 용기 안정성에 문제가 없다고 발표했지만, 이미 소비자의 마음은 플라스틱 용기에서 유리 밀폐용기로 옮겨간 후였다. 덕분에 유리 밀폐용기를 만들어 판매하던 경쟁 기업의 매출은 2006년 198억 원에서 2007년 412억으로 급증했다.

락앤락은 다시 한번 시장을 주도할 변화를 가져왔다. 먼저 1퍼센트의 소비자 불안감도 잠재워야 한다는 생각으로 폴리카보네이트 소재 제품 생산을 중단했다. 또한 기존 강화유리 제품보다 안전하고 100퍼센트 밀폐 가능한 내열유리 제품 '락앤락 글라스'를

락앤락 광고

출시해서 경쟁사에 반격을 가했다. 그러나 우수한 내열유리 제품을 만들었음에도 플라스틱 용기에 비해 무겁고 잘 깨지고 비싼 유리 제품의 판매는 생각보다 부진했다. 유리용기가 가진 한계점을 절감한 락앤락은 포기하지 않고 소재를 바꿔 다시 시장을 주도하기로 했다. 그래서 기존 플라스틱 제품보다 20퍼센트가량 비싸지만 비스페놀A 검출 우려가 없고 유리처럼 투명하면서도 플라스틱처럼 가볍고 잘 깨지지 않는 '트라이탄Tritan'에 관심을 기울였다.

락앤락은 2009년 5월 세계 최초로 트라이탄 소재의 밀폐용기 '락앤락 비스프리'를 출시했다. 이 제품은 환경호르몬 의심 물질인 비스페놀A가 검출되지 않는 신소재 트라이탄을 사용해 안심할 수 있고, 유리처럼 투명해 내용물을 쉽게 확인할 수 있으면서도 가볍고 잘 깨지지 않아 사용이 편리하다는 장점이 있다. 특히 락앤락이 밀폐용기의 최고봉을 지향하며 개발한 '비스프리 테이블탑'은 출시된 지 3개월 만에 매출 100억 원을 넘어서는 기염을 토했다. 비스프리 테이블탑은 락앤락 제품 중에서도 최단 기간 내에 100억 원 매출을 달성한 브랜드로 기록되었다.

성공의 배턴을 이어받아 '인터락'이라는 이름의 또 다른 혁신적인 제품을 시장에 내놓았다. 냉장고 문짝에 특화된 용기로 틈새시장을 겨냥해 1년 만에 누적 판매 수량이 800만 개를 넘어섰다. 이후에도 냉장고 정리를 돕는 비스프리 모듈러 저장용기를 출시해 연간 100만 개 이상 판매했다. 스텐 모듈러 제품은 와디즈 편딩으로 먼저 선보였는데, 일주일 만에 목표 달성률의 3,926퍼센트를 기록했다. 락앤락은 소비자들의 니즈와 편의를 고려하여 지속적으로 식품보관용기를 개발하며 플라스틱 용기 시장에서 강력한 브랜드 파워를 유지했고 '밀폐용기=락앤락'이라는 등식을 공고히 해 갔다.

평가모드를 활용해
리더로 남기

앞서 이야기한 것처럼 락앤락은 2006년 플라스틱 밀폐용기에서 환경호르몬이 검출된다는 논란이 일자 이듬해인 2007년 락앤락 글라스를 시장에 선보였다. 락앤락이 기존 플라스틱 용기 시장에서 쌓아 올린 명성을 유리용기 분야로 확장하려는 시도였다. 하지만 유리용기 시장에서의 늦은 출발은 후발주자로서의 한계를 드러냈고 기대했던 만큼의 실적을 거두지 못했다. 그럼에도 락앤락의 노력은 환경호르몬 논란에 따른 부정적 인식을 일정 부분 해소하는 데 기여했다. 비록 시장에서의 성과는 기대에 못 미쳤지만, 환경과 건강에 대한 소비자들의 우려를 다소나마 덜어주었으므로 성공했다고 볼 수 있다.

다만 비교로 성장하는 건 역시 리더의 전략이 될 수 없음을 파악한 락앤락은 세계 최초로 트라이탄 소재의 밀폐용기 비스프리를 출시하고, 냉장고 문짝 용기 인터락을 선보이며 틈새시장을 공략했다. 뿐만 아니라 냉장고 정리를 돕는 비스프리 모듈러와 프리미엄 스테인리스 식품보관용기 비스프리 스텐 모듈러를 출시하는 등 타임페이싱 전략으로 끊임없이 혁신하며 시장의 리더로 자리매김했다.

여기서 사람들이 리더와 후발주자를 평가하는 방식을 주목해야 한다. 일반적으로 대상을 평가할 때, 사람들은 두 가지 접근법, 즉 절대평가와 상대평가 가운데 하나를 사용한다. 절대평가는 '단독 대안 제시 모드Separate Evaluation Mode; SE'로 불리며, 이 경우 평가자는 한 가지 대안만을 고려하여 평가한다. 반면 상대평가는 '복수대안 제시 모드Joint Evaluation Mode; JE'라고 명명되며, 여기서는 두 개 이상의 대안을 동시에 비교하여 평가한다.

보통 사람의 선호가 지속적이고 일관되다고 생각하지만 실제 선호도는 하나의 대안만을 보여주느냐SE 아니면 두 개 이상의 대안을 함께 보여주느냐JE에 따라 달라진다. 예를 한번 들어보자. 그룹 A에 속한 사람들에게 IT 관련 전문인력을 뽑는 상황이라고 알려준 후 "관련 학과를 졸업했고, 학점은 3.0이며 2년간 70개의 관련 프로그램을 설계한 스티브Steve"에게 어느 정도의 연봉을 제시할 것인지 물었다. 이때 사람들은 평균 2만 6,800달러를 제시했다. 한편 그룹 B에 속한 사람들에게는 "관련 학과를 졸업했고, 학점은 4.3이며 2년간 10개의 관련 프로그램을 설계한 제이슨Jason"

에게 어느 정도의 연봉을 제시할 것인지 물었다. 사람들은 평균 3만 2,700달러를 제시했다. 결과적으로 스티브(2만 6,800달러)보다 제이슨(3만 2,700달러)에게 제시된 연봉이 더 높았다.

그런데 집단 C에 속한 참여자들에게 스티브와 제이슨 둘 모두의 경력 정보를 함께 제공하고 각각의 연봉을 묻자, 이번에는 스티브의 연봉이 3만 3,200달러로 제이슨의 연봉 3만 1,200달러보다 2,000달러 더 높게 평가되었다. 집단 A와 B에 속한 참여자들에게 단독으로 각각의 정보를 제시했을 때와는 상반된 결과였다. 이런 결과의 차이는 '속성에 대한 평가 용이성'과 밀접한 관련이 있다. 즉 프로그램 설계 경험과 같은 속성은 그 자체만으로는 가치 평가가 어렵다. 직접적인 비교 대상이 부재하므로 평가자가 그 가치를 정확히 인지하기 어렵기 때문이다. 반면 학점과 같은 속성은 단독으로 제시되어도 그 가치를 비교적 쉽게 평가할 수 있다. 학점이라는 수치가 구체적이고 명확한 정보를 제공하므로 평가자가 이를 기준 삼아 개인의 가치를 판단하기 용이하다. 단독대안 제시 모드에서 학점이 높은 제이슨의 연봉이 더 높게 책정된 것도 이러한 이유 때문이다. 다른 한편으로, 프로그램 설계 경험과 같이 단독으로는 평가하기 어려운 속성은 복수대안으로 제시될 경우 평가가 쉬워진다. 각각 70개, 10개인 스티브와 제이슨의 프로그램 설계 경험을 비교할 때, 평가자는 두 후보자 사이의 명확한 차이를 쉽게 인지한다. 이러한 직접적인 비교로 프로그램 설계 경험이 많은 스티브의 연봉이 더 높게 평가되는 것이다.

제품 구매 과정에서도 소비자가 제품 가치를 평가하는 과정은 복잡하며, 제품의 다양한 속성을 객관적으로 평가하기란 어렵다. 이러한 평가의 복잡성은 특히 시장에 새로이 진입하려는 브랜드에 도전적인 과제로 다가온다. 이를 해결할 방법으로 후발 브랜드는 선도 브랜드와 자신을 비교하는 상대평가 전략을 사용한다. 이 전략은 소비자에게 자신의 제품을 더 명확하게 인식시키고, 제품의 특성을 더 쉽게 평가할 수 있도록 돕는다. 비교광고는 시장 내에서 브랜드의 위치를 명확히 하며, 선도 브랜드와의 비교로 자신의 상대적 가치를 부각시킨다. 예를 들어, 의류 브랜드 헤지스HAZZYS는 "굿바이 폴"이라는 광고 캠페인으로 시장 내 강력한 선도 브랜드인 폴로POLO, 빈폴BEAN POLE과 자신을 비교함으로써 소비자의 인식에 자리 잡으려 했다.

그러나 비교 광고가 항상 긍정적인 결과를 가져오는 것은 아니다. 차별화를 시도하려는 광고 메시지가 실제로는 경쟁 브랜드의 인지도를 높이는 부작용을 초래할 수 있기 때문이다. 후발 브랜드가 자신의 제품보다 경쟁 브랜드를 더 부각시켜서 소비자가 경쟁 브랜드만 기억하게 만드는 이런 현상을 '뱀파이어 광고'라고도 부른다. 따라서 후발 브랜드가 비교 광고를 설계할 때는 경쟁 브랜드를 강조하여 소비자의 선택을 왜곡하지 않도록 신중해야 한다. 비교 광고는 올바르게 사용되었을 때라야 후발 브랜드가 시장에서 입지를 강화하고 제품 가치를 효과적으로 전달하는 데 도움을 준다.

제품의 가치를 평가하는 과정에서 브랜드의 역할은 매우 중요하다. 특히 선도 브랜드의 경우, 다른 브랜드와의 비교 없이 제품 자체만으로 가치를 평가받을 수 있다는 점에서 강력한 자산이 된다. 이러한 브랜드는 시장에서 인지도와 신뢰도를 바탕으로 소비자에게 각인된다. 결과적으로 선도 브랜드는 경쟁 브랜드와의 비교 광고에 의존하는 대신, 자신들의 독특한 가치와 위치를 강조하는 전략을 사용한다. 이런 전략의 일환으로 '업계 최초, 국내 최초, 세계 최초'와 같은 단어를 사용하여 자신들의 혁신과 리더십을 강조한다. 브랜드가 소비자에게 제공하는 독창성과 선구자적 위치를 부각하는 것이다. 예를 들어, 아이폰과 갤럭시 같은 선도 브랜드는 자신들만의 고유한 기능과 특성으로 시장에서 독특한 위치를 차지하고 있다. 이 브랜드들은 경쟁 브랜드를 명시적으로 언급할 필요 없이, 제품 자체의 혁신과 품질로 시장을 리드한다. 자신과의 경쟁으로 지속적인 혁신을 강조하고, 한발 더 나아가 사회적 가치를 추구하기도 한다.

때로는 깊게, 때로는 넓게, 영향력을 확장하다

락앤락은 2009년부터 업계 리더로서 지속 가능한 환경을 위한 노력의 일환으로 '바꾸세요' 캠페인을 이어가며 식품보관용기의 수거 및 업사이클링에 앞장서고 있다. 이 캠페인은 소비자와 함께 오래된 플라스틱 제품을 수집하여 친환경 제품으로 재탄생시키는 것을 목표로 한다. 2022년에는 1,127킬로그램의 밀폐용기를 수거해 업사이클링하여 폴딩 캠핑 박스를 제작하고, 제주 올레길에 모작MOJAK('매듭'의 제주 방언) 벤치 12개를 설치하여 공공장소에서도 자원순환의 중요성을 강조했다.

2012년에는 친환경 경영 이념을 실천할 방법으로 대학생들과 함께하는 친환경 서포터즈 프로그램 '그린메이트'를 창단했다. 이 프로그램은 제로웨이스트 문화를 전파하고, 참여자들에게 환경보호의 중요성을 교육하면서 젊은 세대에게 친환경적 가치를 심어준다. 2018년에는 서울숲에 도시락 정원과 습지 정원을 조성하여 도심에서 자연을 느낄 수 있는 공간을 제공하고, 환경 보호의 중요성을 알리는 활동을 지속적으로 펼치고 있다. 다양한 활동을 펼치면서 락앤락은 단순히 제품을 판매하는 기업을 넘어서 환경보호를 선도하는 기업으로 자리매김했다. 이는 단순한 비교 광고를 통한 상대적 우위가 아닌, 사회적 책임과 환경보호라는 측면에서 절대적 우위를 창출하는 전략으로, 브랜드 가치와 이미지를 높이는 데 크게 기여하고 있다.

혁신과 확장

락앤락은 깊이 있는 전문성과 폭넓은 제품 라인을 구축하여 다양한 시장 요구에 대응하는 T자형 모델 전략으로 밀폐용기 시장을 지속적으로 리드해나가고 있다. T자형 모델 전략을 사용하는 기업은 특정 분야에서 높은 수준의 전문성과 경쟁력을 유지하면서도 넓은 범위의 시장과 고객에 동시에 접근해야 한다. 전문성과 다양성을 모두 잡아야 기업은 지속 가능한 성장과 혁신을 추구할 수 있으며, 시장 변화에 유연하게 대응하는 기반을 마련할수 있다.

T자형 모델 전략을 구사하려면 먼저 심층적 전문성(T의 수직선)

이 필요하다. 이는 특정 분야나 기술에서 깊은 전문성을 개발하는 것을 말한다. 전문성을 구축한 기업은 시장에서 리더십을 확립하고, 고유한 가치제안을 제공한다. 또한 특정 기술이나 제품 카테고리에서 혁신을 주도하며, 그 분야에서 탁월한 전문 지식과 기술을 발전시킨다.

다음으로 다양한 분야나 시장에 걸쳐 제품이나 서비스를 확장하는 것을 의미하는 수평적 확장(T의 상단)이 있다. 다양한 분야로 확장하는 기업은 고객층을 확대하고 시장 위험을 분산시킬 수 있다. 예를 들어, 기술 기업이 소프트웨어 개발뿐만 아니라 하드웨어, 클라우드 서비스, 그리고 컨설팅 서비스까지 제공하는 것을 생각해볼 수 있다.

대한민국의 가장 큰 카셰어링 서비스 쏘카Socar는 기술과 혁신으로 모빌리티 산업을 선도하고 있다. 쏘카는 다양한 분야에서 광범위한 지식과 혁신을 추구하면서 T의 가로 축에 전략적으로 접근했다. 단순한 자동차 대여 서비스를 넘어서 정보기술, 빅데이터, 사용자 경험 디자인, 지속 가능한 개발에 이르기까지 여러 분야의 전문성을 융합했다. 일례로 공유 전기자전거 '일레클'이 있다.

일레클은 쏘카 앱으로 예약하고 이용할 수 있는데 일레클 이용자 분석 결과 10~20대가 49퍼센트로 절반에 가까웠다. 이는 일레클을 이용하던 10~20대 고객이 운전면허를 취득한 후 자연스레 쏘카 카셰어링 서비스를 이용하도록 유도하는 전략이라 할 수 있다. 다양한 영역으로의 접근은 쏘카가 시장에서 독특한 위치를 확보하고, 고객에게 맞춤화된 서비스를 제공하는 데 기여했다.

T의 세로축으로, 쏘카는 모빌리티 분야에서 깊은 전문성을 개발했다. 쏘카는 카셰어링 산업의 선구자로서 효율적인 차량 관리, 사용자 친화적인 예약 시스템, 신뢰할 수 있는 고객 서비스 등에서 깊은 지식과 경험을 축적해왔다. 예를 들어 차량에 전용 단말기를 설치하여 차량 상태와 위치, 외부 환경 등의 정보를 관제 시스템에 전송하는 FMS(차량 관제·관리 시스템)를 공급했다. 법인용 쏘카 FMS를 설치한 차량은 쏘카 앱에 가입한 뒤 별도의 키 없이 차량을 이용할 수 있다. 이처럼 쏘카는 시장 변화와 고객 요구에 민감하게 대응할 능력을 키우면서 앱 가입자를 늘려가고 있다. T자형 모델이 왜 지속 가능한 성공과 혁신을 위한 전략적 접근법인지 잘 보여주는 사례라 하겠다.

요약하면 락앤락은 주방용품 시장에서 독보적인 위치를 차지하기 위해 T자형 모델 전략과 타임페이싱 전략을 결합하여 혁신과 경쟁력을 유지하고 있다. 먼저 T자형 모델 전략으로 깊이 있는 전문성과 폭넓은 제품 라인을 구축했다. 세계 최초로 트라이탄 소재를 사용한 밀폐용기 비스프리를 출시하며 내구성과 안전성을 강조한 후 다양한 제품군으로 확장했다. 또한 타임페이싱 전략으로 정기적으로 신제품을 출시하여 소비자들의 관심을 지속적으로 끌어들이는 동시에, 새로운 혁신 제품을 선보이며 시장에서의 존재감을 강화했다. 결과적으로 락앤락은 기술력과 제품 다양성을 결합한 전략으로 소비자에게 신선함과 지속적인 혁신을 제공했고, 시장에서의 경쟁력과 성장을 이뤄냈다.

작은 브랜드는 더 큰
유연성과 독창성이 있다

이 책은 행동경제학이 어떻게 작은 브랜드의 운명을 바꿀 수 있는지를 보여주고자 했다. 세상은 크고 강한 브랜드가 모든 것을 지배하는 것처럼 보이지만, 소비자의 마음을 움직이는 것은 오히려 작은 디테일, 심리적 이해, 그리고 따뜻한 공감이다.

프레이밍 효과로 메시지를 재구성한 세바시, 타협효과로 선택의 중심에 선 마이리얼트립, 공정성을 무기로 신뢰를 얻은 커피베이. 이들은 단지 성공 사례가 아니라 행동경제학이 작은 브랜드의 운명을 어떻게 바꾸는지 보여주는 강력한 증거이다. 소비자의 무의식적 판단과 심리를 이해하면, 자원이 부족한 작은 브랜드도 더 크고 강한 경쟁자들과 당당히 맞설 수 있다.

행동경제학은 복잡한 시장에서 작은 브랜드가 길을 잃지 않도록 돕는 나침반과 같다. 디폴트옵션, 감정의 꼬리표, 이용가능성 휴리스틱, 대표성 휴리스틱과 같은 전략들은 단순한 이론이 아니라, 현실에서 소비자의 선택을 바꾸는 강력한 도구다. 이 도구를 제대로 사용할 때, 작은 브랜드는 단순히 살아남는 것을 넘어 새로운 시장의 주역으로 성장할 수 있을 것이다.

작은 브랜드는 더 큰 유연성과 독창성을 가지고 있다. 행동경제학은 이를 더욱 빛나게 만드는 촉매제다. 소비자가 브랜드와 처음 만나는 순간부터 제품을 사용하고 공유하는 순간까지의 여정에 심리적 관점을 녹여낸다면, 작은 브랜드는 강력한 존재감을 가질 수 있다.

결국 행동경제학은 작은 브랜드의 운명을 바꾸는 열쇠다. 소비자와의 진정한 연결을 이루고 브랜드만의 가치를 전달하며 새로운 경험을 제안하는 것. 그것이 작은 브랜드가 거대한 시장에서 자신만의 목소리를 내는 방법이다.

이제 당신 차례다. 행동경제학의 통찰을 브랜드에 녹여보자. 이 책이 작은 브랜드가 큰 가능성을 발견하는 여정에서 든든한 길잡이가 되어주기를 바란다. 행동경제학은 당신의 브랜드 운명을 바꿀 준비가 되어 있다. 이제 당신이 변화의 주인공이 될 차례다.

1. 로우로우

- 김경묵, 조성환(2018), "창조적 비움을 디자인하는 무인양품",《동아비즈니스리뷰》, 258호.
- 김지헌, 서대웅(2017), "본질만 남기고 다 빼라!"- 로우로우(RAWROW)의 브랜드 마케팅 사례,《아산 기업가정신 리뷰》, 3(1), 1-26.
- 박계현, "30대 백팩 브랜드 대표, 광장시장으로 간 이유는?", 머니투데이, 2016.3.9., https://news.mt.co.kr/mtview.php?no=2016030614032952866&outlink=1&ref=%3A%2F%2F
- 박수진, "잘나가는 백팩 '로우로우'가 광장시장 간 이유는?", 한겨레, 2015.2.13., https://www.hani.co.kr/arti/society/society_general/678360.html
- 박해영, "'로우로우' 넘버원 보다 '온리원'", 어패럴뉴스, 2015.4.27., https://www.apparelnews.co.kr/news/news_view/?idx=154864
- 박해영, "'로우로우'의 RCC, 신규 패션 사업 재개", 어패럴뉴스, 2023.2.14., https://www.apparelnews.co.kr/news/news_view/?idx=203760
- 박해영, "로우로우, 페이스북 이어 이번엔 무지의 '러브콜'", 어패럴뉴스, 2017.11.16., https://www.apparelnews.co.kr/news/news_view/?idx=168383
- 송가영, "로우로우, 하드케이스 캐리어 '알 트렁크' 출시", 컨슈머타임스, 2018.9.5., https://www.cstimes.com/news/articleView.html?idxno=284839
- 유신재, "'가장 가방다운 가방'…6명 의기투합 "일냈네"", 한겨레, 2014.1.6., https://www.hani.co.kr/arti/economy/economy_general/618610.html
- 유신재, "'존경 마케팅'으로 완판 행진 브랜드 로우로우", 한겨레, 2016.7.7., https://www.hani.co.kr/arti/economy/economy_general/751380.html
- 인사이트 (2019.1.2.) 페북 저커버그도 감탄한 한국 토종 가방 '로우로우' 만든 30대 청년
- 정정숙, "라이프아카이브 첫 협업 로우로우, '트래블 컬렉션' 출시", 한국섬유신문, 2019.7.23., https://www.ktnews.com/news/articleView.html?idxno=111792
- 정정숙, "로우로우 이의현 대표 - 생산 협력사와 상생 추구 유행보다 제품 본질 부각", 한국섬유신문, 2016.8.19., https://www.ktnews.com/news/articleView.html?idxno=100172
- 조진서, "[DBR] 고객이 원하는 가방 만들어 고객이름 붙여 팔아", 동아일보,

2018.08.29., https://www.donga.com/news/article/all/20180828/91724034/1
- 차형조, "이의현 로우로우 대표 '내가 사는 대로 브랜드가 나온다'", 비즈한국, 2019.10.17., https://www.bizhankook.com/bk/article/18762
- 최성근, "로우로우-로데오안경원, 안경 다운 안경 콜라보레이션," 이데일리, 2016.9.19., https://www.edaily.co.kr/News/Read?newsId=02669926612781760&mediaCode No=257
- 태유나, "'로우로우' 이의현 대표, "나는 일상에 꼭 필요한 생활 잡화를 만드는 상인"", 한국경제, 2018.5.24., https://www.hankyung.com/article/201805249454p
- 황선아, "의류부터 가방까지 패션업계 신규 컬렉션·콜라보레이션 '시선 집중'", 조선일보, 2019.7.29., https://www.insight.co.kr/news/201783
- esmin, "이의현표 신발 「R슈」 '출발 좋다'", 패션비즈, 2015.3.30., https://fashionbiz.co.kr/article/146000
- hyohyo, "「로우로우」 서울의 중심, 명동에서 '프롬서울' 외치다", 패션비즈, 2017.3.15., https://fashionbiz.co.kr/article/159368
- mini, "이의현 대표 "컬래버요? 저희는 매일매일 컬래버해요"", 패션비즈, 2020.2.18., https://fashionbiz.co.kr/article/176668
- sky08, "「로우로우」 광장시장 간 까닭은?", 패션비즈, 2015.2.6., https://fashionbiz.co.kr/article/144924

2. 퀸잇

- 고석용, "4050 여성옷 플랫폼이 신선식품을?…'퀸잇'의 이유 있는 확장", 머니투데이, 2022.6.19., https://news.mt.co.kr/mtview.php?no=2022061213490428220
- 김도연, 정현정, 서지혜, "30대 남성 둘은 '엄마들의 무신사'를 왜 만들었나? [인더뷰]", 서울경제, 2022.11.3., https://www.sedaily.com/NewsView/26DHD9NR9U
- 김은성, "MZ 잡은 패션앱 '4050 여성' 공략", 경향신문, 2021.11.22., https://www.khan.co.kr/article/202111222128005
- 문수아, "4050 인터넷 쇼핑 빠졌다, 유통업계 공략 잰걸음", 대한경제, 2021.12.14., https://www.dnews.co.kr/uhtml/view.jsp?idxno=202112141133447940919
- 박수호, 이유리, ""우리 엄마, 여기서만 옷 사던데"…거래액 2000억 훌쩍 '이 회사' [내일은 유니콘]", 매경이코노미, 2023.10.6., https://www.mk.co.kr/news/business/10839639
- 박해영, ""따라올 테면 따라와 봐"…'퀸잇' 초격차 전략 스타트", 어패럴뉴스, 2021.12.13.,

https://www.apparelnews.co.kr/news/news_view/?idx=194456

- 박해영, "4050 패션 앱 '퀸잇', 1년 만에 거래액 10배 증가". 어패럴뉴스, 2021.10.13., https://www.apparelnews.co.kr/news/news_view/?idx=193202

- 박해영, "40대 패션앱 '퀸잇', 김희선과 브랜드 캠페인 전개", 어패럴뉴스, 2022.10.7., https://www.apparelnews.co.kr/news/news_view/?idx=201026

- 박해영, "왜 이제 나왔니… 4050 여성 패션 쇼핑 앱 '퀸잇' 급부상", 어패럴뉴스, 2021.5.14., https://www.sedaily.com/NewsView/26DHD9NR9U

- 박해영, "퀸잇, 런칭 2년 만에 3050 패션 대표 플랫폼 안착", 어패럴뉴스, 2023.5.21., https://www.apparelnews.co.kr/news/news_view/?idx=205870

- 박현익, "[VC가 찜한 스타트업] 4050 女心 사로잡은 패션앱 '퀸잇' 개발", 서울경제, 2021.8.29., https://www.sedaily.com/NewsView/22QDMHP3C4

- 방영덕, ""얼마나 싸고 좋은지 몰라"…옷 잘 입는 영포티 지갑 열게 한 '퀸잇'", 매일경제, 2021.12.24., https://www.mk.co.kr/news/business/10150201

- 방정혜(2022), "팬데믹 시대에 브랜드의 자리를 찾다 - 퀸들이 주인공인 패션앱, 퀸잇," 아산 기업가정신 리뷰, 8(4), 1-28.

- 배정철, ""옷 좀 아는 4050 언니들'의 힘… 퀸잇, 1년 만에 패션앱 5위로", 한국경제, 2022.2.6., https://www.hankyung.com/economy/article/2022020640011

- 원은미, "이노션, 김희선 앞세워 40대 패션앱 '퀸잇' 브랜드 캠페인 온에어", 메트로신문, 2022.4.17., https://www.metroseoul.co.kr/article/20220417500132

- 원은미, "최희민 퀸잇 대표 "내년에 혁신적인 서비스 다양히 선보일 것"", 메트로신문, 2021.12.26., https://www.metroseoul.co.kr/article/20211226500132

- 이광주, "4050 패션앱 '퀸잇' 주목", 패션비즈, 2021.7.1., https://fashionbiz.co.kr/article/185268

- 이윤정, "퀸잇-포커스미디어코리아, '동네셀럽 프로젝트' 진행", 이데일리, 2021.12.22., https://www.edaily.co.kr/News/Read?newsId=02184486629281144&mediaCodeNo=257

- 한명오, "[스타트What's업] "중년 소비자 꽉 잡았다"… 4050 여성 패션플랫폼 '퀸잇'", 국민일보, 2023.10.31., https://www.kmib.co.kr/article/view.asp?arcid=0018485364

- July, "4050 세대 사로잡은 패션 앱 '퀸잇' UX 전략 살펴보기", 요즘IT, 2023.12.15., https://yozm.wishket.com/magazine/detail/2367/

3. 삼진어묵

- 강미화, "블소와 삼진어묵이 만났다… '행복한 어묵탕' 이벤트 실시", 포모스, 2016.3.3., https://www.fomos.kr/esports/news_view?entry_id=22455
- 강세민, "삼진어묵 'AREA6(아레아식스)'…부산 복합문화공간 우뚝", 에너지경제신문, 2021.11.3., https://www.ekn.kr/web/view.php?key=20211103010000625
- 강홍민, "[라이징 유니콘] 어묵업계 BTS '삼진어묵', 어메이징한 스타트업 설립? 박용준 대표 "어묵으로 뭐든지 만드는 회사 만들 것"", 한국경제, 2020.7.8., https://magazine.hankyung.com/job-joy/article/202007086639b
- 김민수, "김익환이 만난 혁신 기업가(13) 박용준 삼진인터내셔널 대표", 포브스코리아, 2020.3.2., https://jmagazine.joins.com/forbes/view/329255
- 김현주, "식음료업계, 고정관념 깬 '철없는 먹거리'가 뜬다", 세계일보, 2021.12.30., https://www.segye.com/newsView/20211230503198?OutUrl=naver
- 박영환, "'삼진어묵, 고속성장 비법은' …중기 경영자들, 학습 삼매경", 뉴시스, 2021.11.25., https://www.newsis.com/view/?id=NISX20201125_0001246912&cID=13001&pID=13000
- 박용준, "삼진어묵이 어묵계의 '에르메스'라 불리던 이유", 폴인, 2020.12.3., https://www.folin.co/article/1380
- 변은샘, "[인터뷰] "68년간 지역서 받은 사랑, 지역민에 돌려주고 싶어"", 부산일보, 2021.12.19., https://www.busan.com/view/busan/view.php?code=2021121315494383308
- 유혜지, "'삼진어묵' 박용준 대표, "29살에 대표 맡아 1천억 매출 달성했다"", 톱스타뉴스, 2020.9.18. https://www.topstarnews.net/news/articleView.html?idxno=834524
- 이창호, 박예진, 문성균, "[황창환 삼진식품 대표] 어묵을 파는 회사가 아니다? 브랜드를 파는 회사다!", Chief Executive, 2021.6.1., https://www.chiefexe.com/news/ArticleView.asp?listId=MzAxNHx8bGltaXRfZmFsc2Ug
- 임순택 "삼진어묵 AREA6, 지역 활성화 위한 '작당모의展' 진행", 대한경제, 2022.9.30., https://www.dnews.co.kr/uhtml/view.jsp?idxno=202209301022250740914
- 장지민, "박용준 삼진어묵 대표 "미친X처럼 매달렸다" 천억 신화 전해", 한국경제, 2020.9.17., https://www.hankyung.com/entertainment/article/202009168691H
- 정재석, 문정훈(2018), 가치 혁신을 통해 일상재의 '저주'를 풀다- 삼진어묵, 아산 기업가정신 리뷰, 4(9), 1-29
- 정헌희, "[EBS 비즈니스 리뷰] 어묵은 반찬이 아니다! 어묵 스타트업 ㈜삼진인터네셔

널 '박용준 대표'", 한국강사신문, 2021.1.14., https://www.lecturernews.com/news/articleView.html?idxno=59253

- 채훈식, "[비바100] "어묵은 밑반찬? 프리미엄 요리라 불러 주세요"", 브릿지경제, 2021.6.28., https://www.viva100.com/20210626010006116

4. 세바시

- 강나은, "[디지털 문화생활] 나의 삶을 조금이나마 바꿔나갈 15분, '세바시'", 팝콘뉴스, 2022.6.28., https://www.popcornnews.net/news/articleView.html?idxno=31778
- 김고은, "평범한 정보는 No~ 구독자 지갑 여는 '지식 교양 콘텐츠'", 기자협회보, 2022.3.8., https://www.journalist.or.kr/news/article.html?no=51155
- 김남훈, "[매거진 esc] 선한 가치를 설득하는 15분의 힘", 한겨레, 2013.4.5., https://www.hani.co.kr/arti/specialsection/esc_section/581079.html
- 김민희, "〈세바시〉 구범준 대표 PD ①", 톱클래스, 2022.8.2., https://topclass.chosun.com/news/articleView.html?idxno=30449
- 김민희, "〈세바시〉 구범준 대표 PD ②", 톱클래스, 2022.8.2., https://topclass.chosun.com/news/articleView.html?idxno=30450
- 김영인(2018), 세바시의 스핀오프 과정과 전략 변화- 세상을 바꾸는 시간 15분, 아산 기업가정신 리뷰, 4(12), 5-24.
- 김창남, "15분이 만들어낼 세상의 변화 꿈꾼다", 기자협회보, 2018.1.10., https://www.journalist.or.kr/news/article.html?no=43412
- 김창남, "사내 벤처 독립시키니 매출이 쑥↑… 별도법인 육성 박차", 기자협회보, 2017.11.22., https://www.journalist.or.kr/news/article.html?no=43058
- 김창남, "한국판 '테드'를 넘어 온오프 교육 플랫폼", 기자협회보, 2018.1.8., https://www.journalist.or.kr/news/article.html?no=43385
- 문준영, "한국 명사들의 꿈의 무대 '세바시' 비결은?", 제주의 소리, 2014.3.31., https://www.jejusori.net/news/articleView.html?idxno=143080
- 백봉삼, "명강연 채널 '세바시'가 200만 가까운 구독자 모은 비결", 지디넷코리아, 2024.12.1., https://zdnet.co.kr/view/?no=20241201093932

5. 마이리얼트립

- 김가은, "게 섯거라 야놀자" 월 40만이 찾는 마이리얼트립…여행포털로 급부상", 테크

M, 2022.7.4., https://www.techm.kr/news/articleView.html?idxno=99002

- 김시소, "[세상을 바꾸는 스타트업]<11>워케이션 일상화 이끄는 '마이리얼트립'", 전자신문. 2022.9.4., www.etnews.com/20220902000137

- 민혜정, "마이리얼트립 "'맞춤복'같은 여행 상품 선사한다"", 아이뉴스24, 2013.4.25., https://www.inews24.com/view/740833

- 방윤영, "현지여행 전문 스타트업 마이리얼트립, 하루 예약건수 700건 달성", 머니투데이, 2016.1.11., https://news.mt.co.kr/mtview.php?no=2016011117211973795&outlink=1&ref=%3A%2F%2F

- 방준식, "이동건 마이리얼트립 대표 "초저가 항공권 승부수…여행 플랫폼 판도 흔들 것"", 한국경제, 2022.12.19., https://www.hankyung.com/article/2022121963531

- 손고은, "마이리얼트립 이동건 대표 | 최상의 조합만 모은 '마이팩'…"실패할 일 없는 자유여행을 소개합니다"", 여행신문, 2024.8.5., https://www.traveltimes.co.kr/news/articleView.html?idxno=409202

- 손지혜, "[WiT Seoul 2022] 마이리얼트립 이동건 대표 "장기 숙박과 인바운드에 주력"", 여행신문, 2022.11.4., www.etnews.com/20240125000114

- 엄정한, "위기의 여행업을 기회로 변화시키는 스타트업 - 마이리얼트립", 스포츠경향, 2021.12.1., https://sports.khan.co.kr/article/202112010700003

- 유찬, "[CEO리포트] "IT 공들였더니 '반전'"…코로나 이긴 여행사의 비결", 머니투데이방송, 2021.6.18., https://news.mtn.co.kr/news-detail/2021061717065215254

- 이지안, "[CEO리포트] 여행판을 뒤집은 이동건 마이리얼트립 대표 "위기의 투자 곧 폭발할 것"", 머니투데이방송, 2022.12.7., https://news.mtn.co.kr/news-detail/2022120713214262291

- 임광복, "이동건 마이리얼트립대표 "여행에 IT 접목 亞 최고 도약"", 파이낸셜뉴스, 2013.9.2., https://www.fnnews.com/news/201309020323137325?t=y

- 정형태, "[쫌아는기자들] 마이리얼트립이 키즈여행과 워케이션에 투자한 이유", 조선일보, 2022.4.12., https://www.chosun.com/economy/smb-venture/2022/04/12/AAITCJ3WOZBOFEGL6VJPKGORA4/?utm_source=naver&utm_medium=referral&utm_campaign=naver-news

- 최기영(2015), "가이드와 여행객이 온라인서 여행설계 플랫폼만 제공하지만, 트렌드를 장악", 《동아비즈니스리뷰》, 183호

- 최화준(2020), 온라인 가이드 투어 중개에서종합 여행 플랫폼으로 마이리얼트립, 아산기업가정신 리뷰, 6(4), 1-30.

- 허정윤, "[주목! 스타트업 비즈니스 모델] <3>마이리얼 트립", 전자신문, 2013.6.14.,

https://www.etnews.com/201306140287

- 허준, "마이리얼트립, 6월 예약건수 21만··· 역대 최대", 테크M, 2021.7.5., https://www.techm.kr/news/articleView.html?idxno=85642

- Array, "[도전해야 청춘이다]<3>여행사 '마이리얼트립' 운영 이동건-백민서 씨", 동아일보, 2013.1.11., https://www.donga.com/news/article/all/20130110/52202792/1

6. 커피베이

- 강동완, "커피베이, ESG 경영실천 ··· '소셜 프랜차이즈 중요성 확대'", 머니S, 2022.12.15., https://www.moneys.co.kr/article/2022121212580851482

- 강동완, "커피베이, 백진성 대표 "커피전문점 품질과 가격, 분위기를 동시에 잡아야"", 머니S, 2020.2.7., https://v.daum.net/v/20200207094506626

- 강동완, "커피베이, 탄탄한 슈퍼바이징 체계로 경쟁력 UP", 머니S, 2020.10.2., https://www.moneys.co.kr/article/2020092911278079498

- 강동완, "커피베이·훌랄라 등 사회적 책임 다하는 프랜차이즈 기업 증가한다", 머니S, 2022.9.8., https://www.moneys.co.kr/article/2022090214192664619

- 강병오, "'친환경 기업' 커피베이 백진성 대표 인터뷰", 일요시사, 2019.10.21., https://www.ilyosisa.co.kr/news/article.html?no=210411

- 강병오, "<ESG 경영인을 만나다> 커피베이 백진성 대표", 일요시사, 2022.10.4., https://www.ilyosisa.co.kr/news/article.html?no=236610

- 고문순, "커피베이, 고객 가치 강화를 위해 브랜드 전면 리뉴얼 진행", 머니투데이, 2023.12.4., https://news.mt.co.kr/mtview.php?no=2023120110433573899

- 고문순, "커피베이x기아대책, 자립준비청년 돕는 '나로서기인턴십 커피바리스타과정' 실시", 머니투데이, 2022.8.25., https://news.mt.co.kr/mtview.php?no=2022082510591471479

- 김은경, "[출향인사를 찾아서] 구미 출신 기업인 백진성 윤현 파트너스 대표 ", 영남일보, 2023.10.11., www.yeongnam.com/web/view.php?key=20231010010001057

- 김재련, "커피베이, 1회용 컵 사용 줄이기 위한 'Go Green 캠페인' 진행", 머니투데이, 2022.12.1., https://news.mt.co.kr/mtview.php?no=2022113013065834707

- 김태혁, "커피베이, 꾸준한 사회 공헌 활동으로 나눔 경영 실천", 투데이코리아, 2020.8.18., https://www.todaykorea.co.kr/news/articleView.html?idxno=275486

- 김태현, ""2천원짜리 커피 팔면서"···손흥민·BTS에 '수십억' 썼다", 아이뉴스, 2024.3.6., https://www.inews24.com/view/1693925

- 노승욱, "[PEOPLE] 창업 10주년 맞은 커피베이 백진성 대표 | 8배 비싼 친환경컵 커피베이의 '노 플라스틱'", 매경이코노미, 2019.12.2., https://www.mk.co.kr/economy/view/2019/1004713/
- 박형윤, "커피베이 10주년 기념 아메리카노 단돈 100원 행사", 서울경제, 2019.12.2., https://www.sedaily.com/NewsVIew/1VRX295EVB
- 송신용, "[출향 경제인] <11> 백진성 커피베이 대표 "프리미엄 커피로 스벅 같은 기업될 것"", 매일경제, 2022.12.9., https://www.imaeil.com/page/view/2022120913510440718
- 이재윤, "메가커피·컴포즈 다 꺾고⋯ '12월 브랜드평판' 1위에 오른 커피 전문점", 위키트리, 2022.12.11., https://www.wikitree.co.kr/articles/813292

7. 직방

- 권혁준, "허위매물엔 레드카드⋯고객·중개사 모두 잡았죠", 서울경제, 2019.12.24., https://www.sedaily.com/NewsVIew/1VS76UJ87L
- 김유성, "[e기업] 직방 안성우 대표 "네이버가 진짜 경쟁자"", 이데일리, 2016.8.4., https://www.edaily.co.kr/News/Read?newsId=01800726612744040&mediaCodeNo=257
- 김재영, 조부연, 이성희(2018), "집을 구하는 공식을 바꾸다-직방", 《아산 기업가정신 리뷰》, 4(1), 1-24.
- 남빛하늘, "[1세대 유니콘] 3년 연속 '적자'⋯안성우 직방 대표, 내실 다지기 '집중'", 인사이트코리아, 2024.6.19., https://www.insightkorea.co.kr/news/articleView.html?idxno=202505
- 노승욱, "[PEOPLE] '안심중개사' 전략 선보인 안성우 직방 대표 | 無信不立(무신불립·신뢰가 없으면 설 수 없다)⋯허위매물 근절에 올인!", 매경이코노미, 2016.1.4., https://www.mk.co.kr/economy/view/2016/5906
- 박호현, "[CEO&Story] 안성우 채널브리즈 대표", 서울경제, 2015.2.26., https://n.news.naver.com/mnews/article/011/0002645453?sid=101
- 선다혜, "안성우 직방 대표의 프롭테크 기업 도약 야심", 인사이트코리아, 2022.9.22., https://www.insightkorea.co.kr/news/articleView.html?idxno=99040
- 성호철, "부동산 어플 '직방' 안성우 대표", 톱클래스, 2015.5.17., https://www.chosun.com/economy/smb-venture/2022/02/11/JGKAVFB4FFFUZB5QRG6IHIZU5Q/?utm_source=naver&utm_medium=referral&utm_campaign=naver-news

- 신수아, "안성우 대표 "부동산 시장 신뢰 회복, 직방의 모토"", 더벨, 2016.1.25., https://www.thebell.co.kr/free/content/ArticleView.asp?key=20160121010003997000 2427&svccode=00&page=1&sort=thebell_check_time
- 유준상, "직방, 앱 이용자 목소리 직접 들어보니", 이뉴스투데이, 2019.11.15., https://www.enewstoday.co.kr/news/articleView.html?idxno=1247527
- 이수경, "[일문일답] 안성우 직방 대표 "TV마케팅 확대..소비자 신뢰 잡는다", 뉴스핌, 2016.1.21., https://www.newspim.com/news/view/20160121000319
- 조선일보(2022.2.11.) [쫌아는기자들] 삼성의 홈IoT 인수한 '직방' 안성우의 목표는 '부동산의 테슬라'
- 차병선, "[기업 인사이트] 프롭테크 선도하는 '직방', 중소기업뉴스, 2019.11.11., https://www.kbiznews.co.kr/news/articleView.html?idxno=61105
- 최아름, "로고 바꾼 직방 실적까지 바꿀까", 더스쿠프, 2022.11.28., https://www.thescoop.co.kr/news/articleView.html?idxno=55973
- 한지연, "같은 듯 다른 '직방 VS 다방'…프롭테크 2인자의 이색 대결", 아주경제, 2019.12.9., https://www.ajunews.com/view/20191209153946851

8. 카닥

- 강승만, "[초대석] 이준노 카닥 대표", 컨슈머타임스, 2016.12.26., www.cstimes.com/news/articleView.html?idxno=234288
- 강형석, "'자동차 유지보수 본질에 충실히' 카닥 이준노 대표", 동아일보, 2017.3.28., https://www.donga.com/news/article/all/20170328/83559621/1
- 권영준, "카닥, 누적 앱 다운로드 수 350만건… 전년 대비 172% 성장", 세계비즈, 2022.12.29., https://m.segyebiz.com/newsView/20221229500350
- 김세관, "차량정비 O2O '카닥' 대표가 말하는 '성덕' 조건은?", 머니투데이, 2018.1.10., https://news.mt.co.kr/mtview.php?no=2018010908231176390
- 김수정, "차 수리·견적 비교종합플랫폼 카닥 누적거래액 3000억 돌파", 한경비즈니스, 2021.10.1., https://magazine.hankyung.com/business/article/202110019763b
- 김주희(2020), "시장 파괴는 고객으로부터, 카닥은 어떻게 자동차애프터 마켓의 강자가 되었는가", 《아산 기업가정신 리뷰》, 6(3), 1-28
- 김혜미, "[성공이야기]①이준노 카닥 대표 '견적서=실제청구액' 언행일치로 車애프터마켓 불신…", 이데일리, 2018.3.7., https://www.edaily.co.kr/News/Read?newsId=01190646619141024&mediaCodeNo=257

- 김혜미, "[성공이야기]②카닥-GS칼텍스, 신개념 주유소 첫 시도", 이데일리, 2018.3.7., https://www.edaily.co.kr/News/Read?newsId=01187366619141024&mediaCode No=257
- 박계현, "車 종합관리시장 뛰어든 카닥…무기는 '200만대 빅데이터'", 머니투데이, 2020.9.12., https://news.mt.co.kr/mtview.php?no=2020090717411865510
- 이문규, "[리뷰] 세상 참 좋아진 자동차 수리 O2O - 카닥", 동아일보, 2016.4.25., https://www.donga.com/news/article/all/20160425/77765488/1
- 이진호, "[스타트업 CEO] 자동차 애프터마켓 O2O 플랫폼 '카닥'", 한경잡앤조이, 2022.12.31., https://magazine.hankyung.com/job-joy/article/202212313168d
- 이호준, "[오늘의 CEO] 이준노 카닥 대표", 전자신문, 2016.9.5., https://www.etnews.com/20160905000379
- 임효정, "[Pe&People/카닥] "차량 정비 플랫폼 1위, 국내 넘어 글로벌 도약 목표"", 더벨, 2022.3.18., https://www.thebell.co.kr/free/content/ArticleView.asp?key=20220317 1354542880104627&svccode=00&page=1&sort=thebell_check_time
- 최상운, "카닥, '2022 유튜브 웍스 어워드' 베스트 유튜브 앱 성장 캠페인 파이널 리스트 진출", 에이빙뉴스, 2022.8.24., https://kr.aving.net/news/articleView.html?idxno=1770962
- 홍승해, "한현철 카닥 대표 "자동차 애프터마켓, 손 안에 담는다"", 포춘코리아, 2022.3.8., https://www.fortunekorea.co.kr/news/articleView.html?idxno=21509
- 황재용, "카닥, '슈퍼 앱' 성장 기반 마련…140억 원 투자 유치", 비즈월드, 2022.7.5., https://www.bizwnews.com/news/articleView.html?idxno=38282

9. 한솥도시락

- 강동완, "유엔사회개발연구소 폴 래드 소장, 한솥도시락 본사 방문 … ESG경영 사례 청취", 신아일보, 2023.10.3., https://www.shinailbo.co.kr/news/articleView.html?idxno=1766639
- 강동완, "파파존스 · 한솥도시락 등 , 장수 비결은 '사회 환원'", 머니S, 2022.8.17., https://www.moneys.co.kr/article/2022081410205130142
- 강동완, "한솥도시락, 배달은 NO·테이크아웃만으로 차별화", 머니S, 2016.6.24., https://www.moneys.co.kr/article/2016062318228091229?type=1&outlink=1
- 강동완, "한솥도시락은 왜 명품 브랜드인가?", 머니S, 2017.4.5., https://www.moneys.co.kr/article/2017040215208032789?type=1&outlink=1

- 강창동, "[CEO 초대석] 이영덕 '한솥' 회장 "가맹본부가 신경써야 할 것은 '가맹점 매출증대'밖에 없어"", 브릿지경제, 2017.9.12., https://www.viva100.com/20170912010004274
- 고은빛, "가성비 높은 도시락 한솥 국민 브랜드로 도약하겠다", 한국경제, 2016.10.23., https://www.hankyung.com/news/app/newsview.php?aid=2016102367761
- 김기정, "도시락 외길 한솥, 재무지표 '초우량'", 더벨, 2017.7.17., https://www.thebell.co.kr/free/content/ArticleView.asp?key=20170712010002156000128 5&svccode=00&page=1&sort=thebell_check_time
- 김영수, "한솥도시락, '숲치' 시대 속 국내산 김치만 고집하는 이유는?", 뉴스락, 2024.11.23., https://www.newslock.co.kr/news/articleView.html?idxno=100512
- 남희헌, "백종원 김혜자 도시락에는 없는 것, 이영덕 한솥도시락 철학 30년", 비즈니스포스트, 2023.4.11., https://www.businesspost.co.kr/BP?command=article_view&num=311945
- 매경닷컴, "기업의 사회적 책임 현장을 가다, 한솥도시락", 매일경제, 2016.11.22., https://www.mk.co.kr/news/business/7588349
- 매경닷컴, "프랜차이즈 한솥도시락 이영덕 회장의 에세이-도시락은 나의 인생", 매일경제, 2017.8.14., https://www.mk.co.kr/news/business/7936785
- 박순욱, "[박순욱의 기업인 탐방 32] 이영덕 한솥 회장 "초기 6~7년간 본사 적자 면치 못해… 가맹점 이익 우선시 편의점보다 가격, 품질 앞서… 10년 내 3000개까지 늘린다"", 이코노미조선, 2017.2.27., https://economychosun.com/site/data/html_dir/2017/02/27/2017022700019.html
- 소장섭, "[ESG 트렌드] 한솥도시락, 환경보호·상생경영 가치 담긴 '2024 햅쌀' 전 가맹점에 공급", 베이비뉴스, 2024.10.24., https://www.ibabynews.com/news/articleView.html?idxno=122196
- 신미진, "한솥도시락, 유엔도 인정한 지속가능형 브랜드", 매일경제, 2019.12.12., https://www.mk.co.kr/news/special-edition/9102713
- 연기홍, "[창업] 한솥도시락 이영덕 사장", 매일경제, 2000.6.13., https://n.news.naver.com/mnews/article/009/0000019391?sid=101
- 이지성, "[창업 인터뷰] 이영덕 회장 "꾸준한 연구개발, 한솥도시락 장수 비결이죠"", 서울경제, 2016.12.4., https://www.sedaily.com/NewsView/1L546HV6DP
- 황병준, ""ESG경영, 선택 아닌 필수"…가맹점과 함께 상생하는 한솥도시락", 아시아타임즈, 2022.7.29., https://www.asiatime.co.kr/article/20220729500174#_mobwcvr

10. 곰표

- 김영준, "[마켓관찰] 곰표 밀맥주의 대성공에 관한 이야기", 매일경제, 2021.10.23., https://www.mk.co.kr/news/contributors/10070608
- 김은별, "'장르초월' 패션업, 식음료·의약·제분 콜라보", 뉴스토마토, 2018.7.4., https://www.newstomato.com/ReadNews.aspx?no=838199
- 김진선, "[인터뷰] 곰표 밀맥주 대표가 밝힌 콜라보와 그 의미", 아시아경제, 2020.12.25., https://view.asiae.co.kr/article/2020122315505172204
- 문성준, "대한제분 '곰표' 뜬다… 뉴트로 타고 맥주부터 식혜까지 20여종", 더밸류뉴스, 2021.7.30., https://www.thevaluenews.co.kr/news/view.php?idx=164411
- 배동주, "이색 협업으로 재미 본 곰표, 치킨너겟 이어 직접 판매 확대", 조선비즈, 2021.10.26., https://biz.chosun.com/distribution/channel/2021/10/26/RSQXZ3YU3FAJFNISFDKWNGN4OY/?utm_source=naver&utm_medium=original&utm_campaign=biz
- 서예온, "[단독 인터뷰] 곰표의 컬래버 성공 비결은 '오월동주'", 에너지경제, 2021.5.24., https://m.ekn.kr/view.php?key=20210524010004600
- 신수현, "'나왔다 하면 히트' 곰표 컬래버 제품 이 사람이 만든다", 매일경제, 2022.6.20., https://www.mk.co.kr/news/business/10356614
- 심지영, "MZ세대는 왜 '곰표'에 열광할까", 더스쿠프, 2020.8.10., https://www.thescoop.co.kr/news/articleView.html?idxno=40390
- 심지영, "완판 또 완판 … 곰표 콜라보 열풍 어디까지 갈까", 더스쿠프, 2020.8.14., https://www.thescoop.co.kr/news/articleView.html?idxno=40401
- 양지윤, 김범준, "곰표 콜라보 제품만 30여 개…대한제분, 인지도 2배 껑충", 한국경제, 2023.3.22., https://www.hankyung.com/economy/article/2023032269141
- 오현우, "곰표패딩·곰표쿠션…곰표, 밀가루 브랜드였어?", 한국경제, 2019.11.7., https://www.hankyung.com/economy/article/201911068800i
- 이미경, "제발 그 선을 넘지 마오… '곰표 콜라보' 흥한 이유 있었다", 한국경제, 2021.6.20., https://www.hankyung.com/economy/article/202106182238g
- 조은혜, "남성 빅사이즈 온라인몰 '4XR', 곰표, 천마표 등 콜라보 이슈", 어패럴뉴스, 2020.9.8., https://www.apparelnews.co.kr/news/news_view/?idx=184900
- 최선희(2021), "대한제분 마케팅팀", 《톱클래스》 스페셜이슈, 8월호.
- 편은지, "[ER궁금증] 일주일 만에 300만 개 완판… 왜 '곰표맥주'만?", 이코노믹리뷰, 2021.6.10., https://www.econovill.com/news/articleView.html?idxno=536180

- 허태윤, "69살 '곰표'의 여우같은 아이디어[허태윤의 브랜드 스토리]", 이코노미스트, 2021.6.12., https://economist.co.kr/article/view/ecn202106120007

11. 밀당PT

- 김경태, "'공격적 마케팅' 밀당PT, 반년 만에 추가 투자유치 추진", 더벨, 2022.11.24., https://www.thebell.co.kr/free/content/ArticleView.asp?key=202211231030216040109246&svccode=00&page=1&sort=thebell_check_time
- 김동역, "밀당영어, 대한민국 교육산업대상 수상", 컨슈머타임스, 2020.5.7., https://www.cstimes.com/news/articleView.html?idxno=412814
- 김재성, "밀당PT, 이병헌 브랜드 모델로 발탁…신규 광고 캠페인 진행", E동아, 2022.7.1., https://edu.donga.com/news/articleView.html?idxno=64754
- 김주완, "온라인이라고 딴 짓 못해…수강생 멱살 잡고 듣게 하는 에듀테크의 비법 [긱스]", 한국경제, 2022.6.24., https://www.hankyung.com/it/article/202206165852i
- 민경진, "15분 쇼트폼 강의 밀당, 열에 아홉이 완강", 한국경제, 2022.6.17., https://www.hankyung.com/economy/article/2022061786681
- 민경진, "AI가 채점하고 선생님은 학생 관리…13兆 사교육 시장 판이 바뀐다", 한국경제, 2022.9.15., https://www.hankyung.com/it/article/202206165852i
- 민경진, "중·고교 내신 완강률 92%…랜선 과외 꿈 이룬 이 회사", 한국경제, 2022.6.9., https://www.hankyung.com/economy/article/202206098172i
- 손수미, "1:1언택트 과외 서비스 '밀당영어' 돌풍 무섭네", 헤럴드경제, 2020.8.19., http://news.heraldcorp.com/view.php?ud=20200819000204
- 신중섭, "'학원·과외 대체…질 높고 평등한 교육기회 만들 것'", 서울경제, 2022.8.17., https://www.sedaily.com/NewsView/269U12WW7L
- 임국정, "[AI 전망 2022] 박찬용 밀당영어 대표 "에듀테크 서비스, 사람 역할 하는 기술 필요"", IT조선, 2022.2.10., https://it.chosun.com/news/articleView.html?idxno=2022021002565
- 조명의, "밀당PT, 전 직군 대규모 인재 채용", 테크월드, 2022.7.15., https://www.epnc.co.kr/news/articleView.html?idxno=225582
- 조상록, "[대한민국 인공지능 기업정보집] AI와 선생님이 함께 가르치는 온라인 과외 '밀당PT'", IT조선, 2022.11.24., https://it.chosun.com/news/articleView.html?idxno=2022112400543
- 조재형, "강북 넘어 지방까지…강남 떠나 명당 찾는 스타트업들", 아주경제, 2022.8.3.,

https://www.ajunews.com/view/20220802150704582

- 최양해, "온택트 과외 '밀당피티', 200억 펀딩 순항", 딜사이트, 2022.12.9., https://dealsite.co.kr/articles/95433

12. 락앤락

- 김미희, "[기자의 눈] 소비자 외면하는 환경호르몬 논쟁", 서울경제, 2006.10.9., https://n.news.naver.com/mnews/article/011/0000152288?sid=110
- 김미희, 송대웅, "식약청 "플라스틱 용기 안전성 문제없다" 뒤늦게 발표", 서울경제, 2006.10.25., https://n.news.naver.com/mnews/article/011/0000154719?sid=101
- 김보라, "[인터뷰] 곽태랑 락앤락 차장 "밀폐용기 1위 비결? 품질·안전엔 타협없어"", 뉴데일리, 2023.7.13., https://biz.newdaily.co.kr/site/data/html/2023/07/13/2023071300065.html
- 김소연, "[경영이야기] 김준일 락앤락 회장", 매경이코노미, 2010.7.21., https://www.mk.co.kr/economy/view/2010/384027
- 김소연, "[경영이야기] 김준일 락앤락 회장 ②", 매경이코노미, 2010.7.28., https://www.mk.co.kr/economy/view/2010/397814
- 김소연, "[경영이야기] 김준일 락앤락 회장 ③", 매경이코노미, 2010.8.4., https://www.mk.co.kr/economy/view/2010/411179
- 김소연, "[경영이야기] 김준일 락앤락 회장 ④", 매경이코노미, 2010.8.11., https://www.mk.co.kr/economy/view/2010/432177
- 김소연, "[경영이야기] 김준일 락앤락 회장(마지막 회)", 매경이코노미, 2010.8.18., https://www.mk.co.kr/economy/view/2010/444865
- 김연하, "죠영토 다지는 'K 주방용품'", 서울경제, 2019.5.20., https://www.sedaily.com/NewsView/1VJ7RX81SB
- 박귀성, "사모펀드 매각 락앤락 성공신화 분석", 한강타임즈, 2017.8.27., https://www.hg-times.com/news/articleView.html?idxno=156226
- 박인웅, "[메가 히트 상품 탄생스토리] 락앤락 밀폐용기", 메트로신문, 2019.1.10., https://www.metroseoul.co.kr/article/2019011000125
- 석혜탁, "[석혜탁의 리테일 트렌드-그린마케팅①] 락앤락과 대학생 친환경 마케터 그룹 '그린메이트'", 아시아엔, 2017.2.27., http://kor.theasian.asia/archives/173859
- 양현석, "[유통가 레이더] '자원순환에 기부까지'… 락앤락, 아름다운가게와 아름다운 동행 '주목' 등", 녹색경제신문, 2024.7.23., https://www.greened.kr/news/articleView.

html?idxno=316769

- 오수연, "[단독] 락앤락 창업주 김준일 회장, '하나코비'로 베트남서 신사업 도전", 아주경제, 2019.1.30., https://www.ajunews.com/view/20190129084651861
- 유찬, "['K기업', 글로벌 '판을 뒤집다'] 세계인이 열고 닫는 '락앤락'… 매출 70%가 해외서", 머니투데이방송, 2022.1.17., https://news.mtn.co.kr/news-detail/2022011710512162650
- 이나경, "[아주스타] 김준일 코비플라텍 대표 플라스마로 락앤락 성공신화 가전 시장서도 이어갈 것", 아주경제, 2022.10.11., https://www.ajunews.com/view/20221004165139919
- 전종근(2015), "환경과 사람을 생각하는 기업가정신-락앤락",《아산 기업가정신 리뷰》, 1-22.
- 조용철, "락앤락, '비스프리 테이블탑' 매출 100억 돌파", 파이낸셜뉴스, 2011.9.22., https://www.fnnews.com/news/201109220916121372?t=y
- 차동환 "김성훈號 락앤락, '소형가전 사업' 키워 성장세 지킨다", 아시아투데이, 2022.3.29., https://www.asiatoday.co.kr/kn/view.php?key=20220329010016984
- 한준규, "락앤락, 한국산업의 브랜드파워 밀폐용기 부문 21년 연속 1위", 서울신문, 2024.3.27., https://www.seoul.co.kr/news/economy/2024/03/27/20240327500059&wlog_tag3=naver

사진 출처

38쪽	농협몰 홈페이지, https://www.nonghyupmall.com/BC14010R/viewDetail.nh?wrsC=1013001510&chanC=1101
77쪽	NC소프트 홈페이지, https://kr.ncsoft.com/kr/pr/newsDetail/2139.do
102쪽	아이디오 홈페이지, https://www.ideou.com/blogs/inspiration/10-activities-to-generate-better-ideas
102쪽	아이디오 홈페이지, https://www.ideo.com/journal/reimagining-the-shopping-cart
149쪽	직방 브랜드 대표 이미지, 직방 제공

191쪽 한솥도시락 홈페이지, https://www.hsd.co.kr/event/event_view/694?pageSize
=12&pageNo=1&cate=&_csrf=3964c806-0b7b-43a7-b5f8-992209e14ec5

213쪽 곰표 하우스 홈페이지, https://m.gompyo.net/service/brand_history.php#enp_
mbris

216쪽 아이디어스 홈페이지, https://www.idus.com/v2/product/4ff87967-e3cf-
48fd-ab85-c9486f9b7b00

219쪽 버거킹 홈페이지, https://www.burgerking.ca/impossible-whopper

작은 브랜드는 행동경제학이 답이다

초판 1쇄 발행 2025년 1월 20일

지은이 • 곽준식

펴낸이 • 박선경
기획/편집 • 이유나, 지혜빈, 김슬기
마케팅 • 박언경, 황예린, 서민서
표지 디자인 • STUDIO 보글
제작 • 디자인원(031-941-0991)

펴낸곳 • 도서출판 갈매나무
출판등록 • 2006년 7월 27일 제395-2006-000092호
주소 • 경기도 고양시 일산동구 호수로 358-39 (백석동, 동문타워 I) 808호
전화 • (031)967-5596
팩스 • (031)967-5597
블로그 • blog.naver.com/kevinmanse
이메일 • kevinmanse@naver.com
페이스북 • www.facebook.com/galmaenamu
인스타그램 • www.instagram.com/galmaenamu.pub

ISBN 979-11-91842-79-1 / 03320
값 19,500원